Besucht uns auch im Internet:
www.herbig.net
E-Mail: lentz@herbig.net

Dieses Buch wurde nach den Regeln
der reformierten Rechtschreibung gesetzt.

2. Auflage 2000

© 1997 Lentz Verlag
in der F.A. Herbig Verlagsbuchhandlung, München
Alle Rechte vorbehalten.
Umschlaggestaltung: Wolfgang Heinzel
Illustrationen: Birgit Veits
Herstellung und Layout: Birgit Veits
Druck und Bindung: Tesinska Tiskarna, Cesky Tesin
Printed in the Czech Republic
ISBN 3-88010-436-0

VORWORT

Ich freue mich, dass ich Barbara, Heike und Jürgen für die Idee eines europäischen Weihnachtszeiten-Buches begeistern konnte. Beim Recherchieren und Ideenfinden sind wir überraschend schnell – und zu meiner großen Freude – ein kreatives Team geworden.

Gemeinsam möchten wir all denjenigen danken, die uns ihre landestypischen Bräuche in der Weihnachtszeit so lebendig vermittelt haben. Um den unterschiedlichen Ländern gerecht zu werden, haben wir den Begriff der Weihnachtszeit weit gefasst – vom Nikolausfest am 6. Dezember bis zum Dreikönigstag am 6. Januar.

Oft gab es in einem Land so viele Bräuche, dass wir nicht alle Details erwähnen konnten, und sicherlich wird es Leser geben, die Weihnachten in einem der vorgestellten Länder anders erlebt haben. Doch Traditionen sind nicht statisch und Bräuche ändern sich oft von einem Landstrich zum nächsten. Wir haben uns daher bemüht, einerseits die besonders typischen, andrerseits die besonders originellen Bräuche festzuhalten.

Es war spannend, durch die persönlichen Gespräche zu erfahren, dass die Weihnachtsbräuche in Europa so vielfältig wie die Sprachen sind. Manches Brauchtum lebt nur noch in der Erinnerung der Generation der Großeltern, vieles findet sich heute nur noch auf dem Lande. In den großen europäischen Städten gleichen sich die Bilder zur Weihnachtszeit immer mehr. Weihnachtsmann und Tannenbaum halten dort Einzug, wo es früher ganz andere Symbole gab.

Wir wünschen allen kleinen und großen Leuten, dass sie beim Lesen den Zauber des Weihnachtsfestes spüren. Und wir hoffen, dass unser Buch dazu beiträgt, die Erinnerung an den Reichtum weihnachtlicher Bräuche in Europa wach zu halten.

Viel Freude beim Entdecken der bunten Vielfalt wünscht

Olivia König
zusammen mit *Heike Gödecke-Brose, Jürgen Kleine* und *Barbara Krahl*

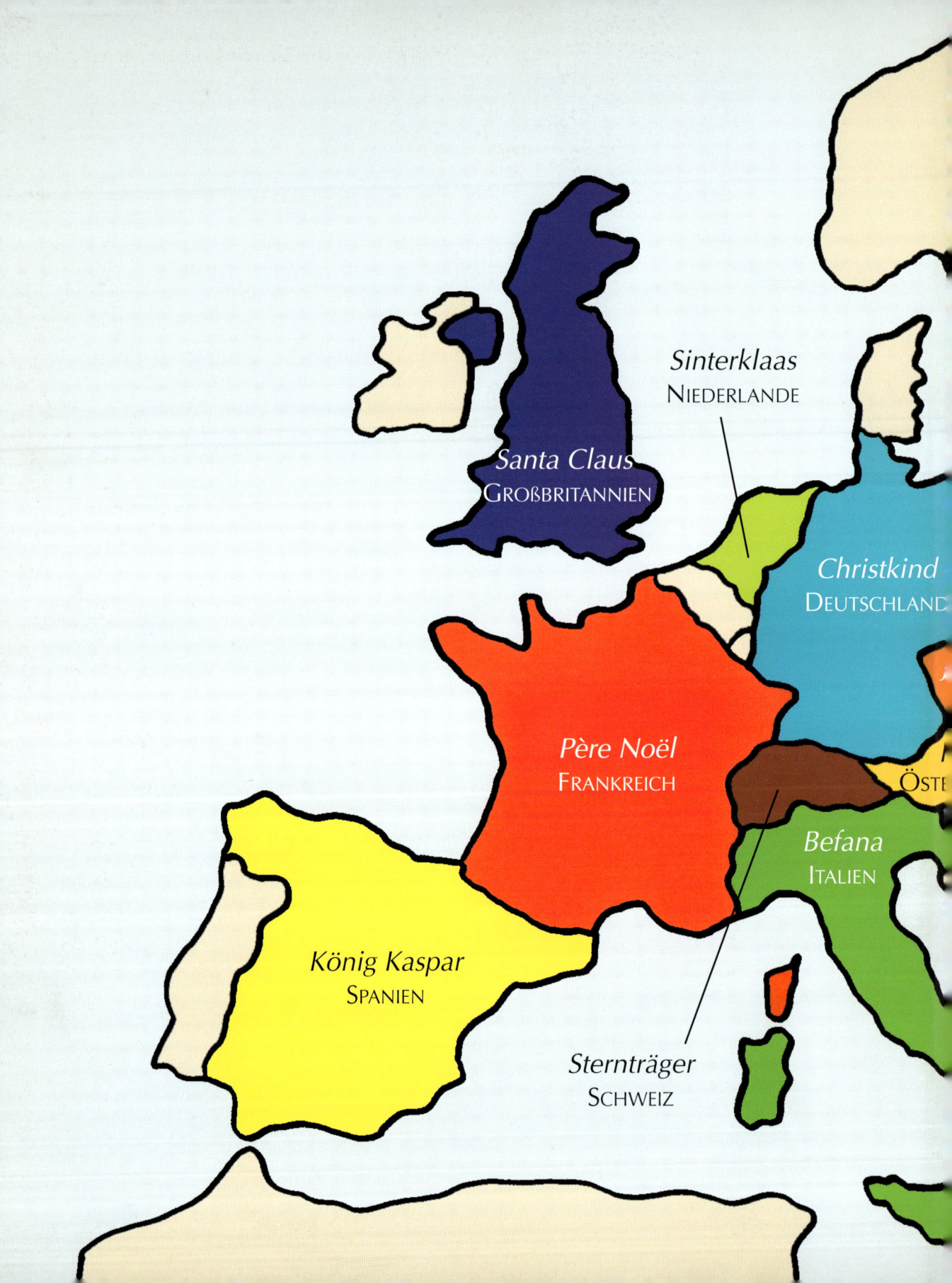

Sinterklaas
NIEDERLANDE

Santa Claus
GROßBRITANNIEN

Christkind
DEUTSCHLAND

Père Noël
FRANKREICH

ÖSTE

Befana
ITALIEN

König Kaspar
SPANIEN

Sternträger
SCHWEIZ

Tomte Tinkepit
CHWEDEN

Frau Weihnachts- mann FINNLAND

Babuschka RUSSLAND

Sternenmutter POLEN

ek ECHIEN

pus H

Väterchen Basilius GRIECHENLAND

Es war die Zeit gekommen, in der es in jedem Winkel schon nach Weihnachten duftet.

An einem dieser Winterabende lag Natalie noch lange wach in ihrem Bett. In der Hand hielt sie den roten Umschlag, den sie am Morgen auf dem Fensterbrett gefunden hatte. Es war ein Brief vom Nikolaus. So einen Brief findet man nicht alle Tage und Natalies Herz hatte heftig gepocht, als sie den Umschlag öffnete. Es dauerte ein Weilchen, bis sie den Brief entziffert hatte, denn sie ging erst in die zweite Klasse. Dann las sie den Brief noch einmal. Und schließlich ein drittes Mal.

Es stand immer dasselbe darin. Der Nikolaus hatte sie zu sich eingeladen. »Heute Nacht möchte ich dich auf eine weite Traumreise schicken.« So stand es da. Zum Schluss entzifferte Natalie den Absender: Nikolaus, zur Zeit Gast der Sternenmutter, Kleiner Stern, Milchstraße 7. Was das wohl zu bedeuten hatte?

Der Tag war Natalie endlos lang vorgekommen, als wolle es niemals Abend werden. Doch nun lag sie in ihrem Bett und konnte nicht einschlafen. Das war alles so aufregend! Und so geheimnisvoll! Am Ende versuchte sie es mit Schäfchenzählen. Da fielen ihr die Augen zu.

Und dann geschahen wunderliche Dinge. Natalie spürte, wie ihr Bett sacht zu schaukeln begann und sich langsam in einen roten Schlitten verwandelte, gerade so einen, wie ihn die Weihnachtsmänner fahren. Moritz, ihr altes Schaukelpferd, stieg plötzlich von seinen Kufen herunter und wieherte fröhlich. Wie von Geisterhand wurde das Pferdchen vor den Schlitten gespannt. Natalie selbst saß, dick eingepackt in Mantel und Mütze, auf der rot gepolsterten Schlittenbank.

Da öffnete ein Windstoß ihr Zimmerfenster und Moritz trabte los. Mitten durchs Fenster zog er den Schlitten und erhob sich draußen in die Luft. Es war abenteuerlich. Höher und höher stieg der Schlitten in die sternklare Nacht. Immer schneller ging die Fahrt, bis sie wie der Sausewind dahinflogen. Huii – ging es am Mond vorbei, den Sternen entgegen. Am Rand der Milchstraße verlangsamte Moritz seinen Schritt und sie zogen über die Sternenwiesen. Es gab unzählige Sterne um sie herum. Und noch ein paar mehr. Doch Natalie wusste, Moritz würde den richtigen finden. Den Kleinen Stern, Milchstraße 7. Plötzlich rumpelte der Schlitten und sie hatten wieder festen Boden unter sich. Kurz darauf blieb Moritz stehen. Sie waren am Ziel.

Nacht war es und weicher Schnee bedeckte den Boden. Das Erste, was Natalie im silbernen Mondlicht erkennen konnte, war der Schatten eines Häuschens mit hell erleuchteten Fenstern. In der offenen Tür stand jemand und winkte, als hätte er gewusst, dass hier gleich ein Schlitten landen würde. Natalie konnte ein rotes Gewand erkennen und einen langen weißen Bart. Es war der Nikolaus! Nur trug er Pantoffeln an den Füßen statt der Stiefel. Jetzt kam er auf den Schlitten zu und reichte Natalie die Hand. Sein Gesicht strahlte.

»Willkommen im Sternenhaus, Natalie! Komm herein und sei unser Gast.« Der Nikolaus half Natalie vom Schlitten und sie traten in das Häuschen.

Wie wunderbar es hier duftete! So richtig weihnachtlich. Im Kamin flackerte ein Feuer. Verwundert sah Natalie im Kerzenschein eine bunte Schar seltsamer Wesen. Sie hockten gemütlich auf Schaukelstühlen, Ohrensesseln, Kuschelkissen und weichen Plüschsofas.

Der Nikolaus sah Natalies Verwunderung und sagte: »Du staunst sicher, dass ich nicht alleine hier bin. Die anderen Winterwesen kennst du wohl noch gar nicht. Sie wohnen ja auch ziemlich verstreut in allen Ländern. Aber in den ersten Dezembertagen treffen wir uns immer hier im Sternenhaus.«

Da erhob sich eine Frau, in deren Haar Tausende winziger Sternchen funkelten. »Ich freue mich, Natalie, dass du in mein Haus gekommen bist. Ich bin die Sternenmutter. Setz dich doch auf das grüne Sofa dort.« Sie lächelte Natalie zu und ging dann hinaus. Kurze Zeit später kam sie mit einem silbernen Tablett zurück, das sie vor Natalie hinstellte. »Dies ist unser feinster Dezembertee. Trink nur, er macht ein fröhliches Herz!«

Natalie bedankte sich und nahm ein Schlückchen. Es war der allerbeste Tee, den sie je getrunken hatte! Während sie daran nippte, schaute sie sich die Runde der Winterwesen genauer an. Es gab solche, die aussahen wie kleine Kobolde mit langen Bärten. Andere erschienen wie Engel mit ihren weißen Gewändern und ihrem goldlockigem Haar. Manche sahen auch zum Fürchten aus, mit zottigen schwarzen Fellen behängt und Ruten in der Hand. Besonders viele gab es, die rote Mäntel und weiße Bärte trugen. Sie sahen alle ähnlich aus wie der Nikolaus und doch glich keiner dem anderen. Zwei alte Mütterchen plauderten miteinander. Das eine war rundlich und pausbackig, das andere sah ein bisschen so aus wie eine Hexe. Besonders böse schien sie aber nicht zu sein.

Da sagte der Nikolaus: »Es ist nun wirklich an der Zeit, dir unsere Runde vorzustellen. Wir alle gehören zur Familie der Winterwesen. Wir kommen auf die Erde, wenn die Eisblumen blühen. In dieser dunklen Zeit holen wir den Glanz der Sterne vom Himmel und erhellen damit die Herzen der Menschen. Wenn das Jahr am finstersten ist, bringen wir überall Licht und Freude und die Hoffnung auf eine gute neue Zeit.«

Natalie nickte. »Und was tut ihr hier im Sternenhaus?«, wollte sie dann wissen.

»Nun ja, bevor wir auf die Erde kommen, machen wir es uns hier noch einmal so richtig gemütlich. Wir trinken Dezembertee, essen Bratäpfel und erzählen uns Geschichten. Wir sind schon recht lange zwischen Himmel und Erde unterwegs, da sieht und hört man so manches.«

»Ich bin schon so gespannt!«, rief Natalie begeistert, denn Geschichtenhören war das, was sie am allermeisten liebte.

In diesem Moment schlug die Uhr zwölf. Da rutschte ein kleines Wichtelmännchen von seinem Kissen herunter: »Hört mal, es ist schon Mitternacht. Bevor wir lange um den Brei herumreden, lasst mich mit meiner Geschichte doch gleich den Anfang machen!« Von allen Seiten nickte es zustimmend. Und der Nikolaus lachte: »Also Tinkepit, fang an!«

Der Wichtel war ein ganz kleines Kerlchen und Natalie hatte ihn bislang gar nicht bemerkt. Nun machte er vor ihr eine tiefe Verbeugung, wobei sein weißer Bart den Boden berührte. »Gestatten, Tomte Tinkepit aus Jokkmokk hoch im Norden.« Er kletterte auf sein Kissen zurück und hockte dort im Schneidersitz wie auf einem fliegenden Teppich.

TOMTE TINKEPIT
AUS SCHWEDEN ERZÄHLT

In Schweden gibt es auf den alten Bauernhöfen kleine koboldartige Hausgeister, die Tomtes genannt werden. Ohne sich blicken zu lassen, helfen sie den Menschen bei der Arbeit und sorgen sich um das Wohlergehen der ganzen Hausgemeinschaft. Sie sind sehr klug und können hellsehen, deshalb sind sie stets zur Stelle, um drohendes Unheil zu verhüten.

»Ich bin schon viele hundert Jahre alt«, beginnt Tomte Tinkepit seine Geschichte. »Als kleines Wichtelkind wohnte ich mit meinen Eltern und meinen sieben Geschwistern im Gebälk einer alten Scheune. Die Scheune gehörte zum Hof der Familie Gustavson.

In der Winternacht, von der ich euch heute erzählen will, hatte ich gerade meinen Rundgang über den Hof der Gustavsons beendet. Dabei war es so spät geworden, dass bereits der Morgen graute. Ein kleines Wichtelkind wie ich hätte natürlich längst ins Bett gehört. Aber vorher wollte ich noch einen Blick ins Haus der Gustavsons werfen. Leise tappte ich in den Flur und plötzlich – hätte ich mich vor Schreck beinahe auf meinen Hintern gesetzt.

Eine weiße Gestalt schritt langsam die Treppe hinauf. Sie trug einen Kranz mit brennenden Kerzen auf dem Kopf. Ich hielt den Atem an. Ob das die Lucia war, von der mir meine Mutter immer erzählte? In ihren Händen hielt sie ein Tablett mit Kaffeetassen und kleinen Safranbroten darauf. So schnell mich meine Beinchen trugen, flitzte ich über den Hof zurück zur Scheune und berichtete meiner Mutter atemlos, dass ich die Lichtkönigin gesehen hätte.

Meine Mutter kraulte mir den Wuschelkopf und sagte lächelnd: ›Kleiner Tinkepit, das war nicht die Lucia. Das war Birte, die älteste Tochter der Gustavsons. Am 13. Dezember, dem Tag der alten Sonnenwende, dürfen die ältesten Töchter die Lucia spielen und ganz früh morgens, wenn es noch dunkel ist, den Eltern das Frühstück ans Bett bringen. Aber einmal im Leben wirst wohl auch du das Glück haben, die echte Lucia zu sehen‹, meinte meine Mutter dann, ›doch vielleicht musst du dich noch ein paar hundert Jahre gedulden.‹ Und so war es auch.«

Tinkepit streicht sich schmunzelnd über den Bart und erzählt weiter: »Weihnachten ist bei uns in Schweden die schönste Zeit des Jahres. Wochenlang gibt es ein geschäftiges Treiben, um alles vorzubereiten. Die Kinder stechen aus Pfefferkuchenteig Herzen, Sterne und Schweinchen aus und für den Weihnachtsbaum flechten sie Herzen aus buntem Papier. Die Mutter bindet aus Stroh kleine Julböcke. Stellt euch vor, in alter Zeit brachte der Julbock sogar die Geschenke. Aber heute gibt es dafür den Jultomte, unseren schwedischen Weihnachtsmann, dem wir Hauswichtel helfend zur Seite stehen. Und wenn es endlich, endlich so weit ist und Weihnachten gefeiert wird, dann sind die Menschen so fröhlich wie nie. Alle tanzen um den Weihnachtsbaum mitten in der Stube herum, so dass die Julböcke und Fähnchen, die Strohsterne und Flechtherzen daran nur so wackeln. Aber noch aus einem anderen Grund ist Weihnachten auch für uns

Am 13. Dezember wird in Schweden das Luciafest gefeiert. In alter Zeit galt dieser Tag als Wintersonnenwende, als kürzester Tag und längste Nacht des Jahres. In dieser dunklen Zeit brachte die Lucia den Menschen das Licht, um sie daran zu erinnern, dass von nun an die Tage wieder länger und heller werden. Auf dem Land ist es heute noch Brauch, dass am Luciatag die älteste Tochter einer Familie als Lucia verkleidet wird. Sie trägt ein weißes Gewand mit roter Schärpe und hat einen grünen Kranz mit acht brennenden Kerzen auf dem Kopf. In den frühen Morgenstunden darf sie den Eltern auf einem Tablett Kaffee und ein besonderes Gebäck ans Bett bringen.

In Schweden heißt das Weihnachtsfest Jul und viele hundert Jahre lang standen Stroh und Kornähren im Mittelpunkt dieses Festes. Damit bedankten die Menschen sich für die letzte Ernte und hofften auf eine gute Ernte im nächsten Jahr. In der Julstube, dem Wohnzimmer, wurde auf dem Boden das Julstroh ausgebreitet. Die ganze Familie schlief in der Weihnachtsnacht darauf und am nächsten Morgen blieb die Familie zum Essen einfach im Stroh liegen. In alter Zeit brachte der Julbock, ein Ziegenbock, die Geschenke. Heute aber ist der Mittelpunkt des schwedischen Weihnachtsfestes oft ein geschmückter Tannenbaum. Er wird mitten im Zimmer aufgestellt, so dass die ganze Familie um ihn herumtanzen kann. In Schweden geht es nämlich beim Weihnachtsfest sehr fröhlich zu, die Menschen tanzen, lachen und spielen miteinander. Die Geschenke bringt der Jultomte, ein koboldartiger Weihnachtsmann, dem die kleinen Hauswichtel zur Seite stehen. Er kommt aus Lappland oder vom Nordpol auf einem Rentierschlitten herbeigefahren. Ein alter schwedischer Brauch ist es, an Weihnachten die kleinen Tomtes mit Haferbrei zu versorgen. Damit bedanken die Menschen sich dafür, dass die Tomtes ihnen das ganze Jahr über geholfen und den Hof beschützt haben. Wenn jedoch die Menschen diesen Dank an die Tomtes vergessen, so geht die Sage, dann müssen die kleinen Kobolde ein Jahr lang Unheil stiften.

Haus- und Hofwichtel das allerschönste Fest. Für uns Tomtes gibt es nämlich eine große Schüssel voll Haferbrei! Aber nicht den einfachen mit Wasser, sondern den leckeren mit Sahne! Wisst ihr, was geschieht, wenn die Menschen unseren Weihnachtsbrei vergessen? Ganz furchtbar ist das. Dann müssen wir ein Jahr lang Unheil bringen, ob wir wollen oder nicht. Und um ein Haar wäre den Gustavsons einmal genau das passiert. Es war an einem Weihnachtsabend. Seit meinem Erlebnis mit Lucia waren schon viele, viele Jahre vergangen. Mir war ein langer weißer Bart gewachsen und ich wachte Nacht für Nacht über den Hof der Gustavsons. Dort lebten nun die Urenkel von Birte, Ole und seine Schwester Gunilla.

An jenem Weihnachtsabend war die ganze Familie in heller Aufregung. Ole und Gunilla sollten nämlich ein Geschwisterchen bekommen. Den ganzen Tag schon hatten sie darauf gewartet und ich schlich mich alle naselang zum Wohnhaus der Gustavsons. Dort lugte ich vorsichtig durchs Fenster. Ob das kleine Menschenkind wohl schon auf der Welt war? Es wurde immer später. Na, hoffentlich würden die Gustavsons an unseren Brei denken! Sonst stellten sie ihn ja immer auf die unterste Stiegenstufe. Aber heute stand da gar nichts. Ich ging in den Stall, um Tonka, die kluge Eselin, um Rat zu fragen. ›Ach Tonka, die Gustavsons haben unseren Weihnachtsbrei vergessen. Ich weiß nicht, was ich machen soll.‹ Tonka war wirklich klug. Sie tuschelte mit allen Tieren im Stall, mit den Kühen und Schafen, mit dem Ochsen, den Katzen und sogar den kleinen Mäusen, die erst neulich in den morschen Holzbalken eingezogen waren. Dann rief sie: ›Auf die Plätze – fertig – los!‹ Und da gaben die Tiere ein Konzert, das bis nach Uppsala zu hören war.

Die Kühe muhten mit dem Ochsen um die Wette, die Katzen miauten, so schräg sie konnten, die Schafe blökten, der Hofhund Justus bellte den Bass. Die kleinen Mäuse piepsten und trommelten dazu mit Strohhalmen auf eine alte Blechbüchse. Und Tonka schmetterte ihr IAHH aus voller Kehle.

Schon kam Vater Gustavson mit einer Laterne über den Hof gerannt, gefolgt von Ole und Gunilla. Kaum hatten sie den Stall betreten, wurde es mit einem Mal mucksmäuschenstill. ›Seltsam‹, wunderte sich der Vater. Als er aber nichts Ungewöhnliches entdecken konnte, wollte er wieder gehen. Da hoben die Tiere aufs Neue an. ›Möchte wissen, was hier los ist‹, murmelte Vater Gustavson und schaute gründlich in alle Ecken. Er fand aber nichts und wandte sich erneut zur Tür. Die Tiere erhoben zum dritten Mal ihre Stimmen. Da kam Ole angestürmt. Er hatte meine winzigen Fußstapfen entdeckt. ›Oje, wir haben den Brei für die Tomtes in der Küche vergessen! Vielleicht wollen uns die Tiere das sagen!‹

In Windeseile stellten die Kinder unseren Brei auf die unterste Stiegenstufe. Genauso wie es sein sollte. Gerade wollten sie das Licht im Stall löschen, als wir alle die Großmutter rufen hörten: ›Kommt schnell, das Baby ist da!‹ Da vergaßen die Kinder das Licht und liefen um die Wette zurück zum Haus.

Wir Tomtes aber freuten uns. Über das kleine Menschenkind und über unseren köstlichen Brei. Am meisten freuten wir uns aber darüber, dass wir den Gustavsons kein Unheil bringen mussten. Und so aufregend wie damals ist es auch nie wieder geworden. Ole und Gunilla bekamen noch zwei weitere Geschwister, aber zum Glück nicht mehr am Weihnachtsabend!«

DIE STERNENMUTTER
AUS POLEN ERZÄHLT

*Ein in Polen bekanntes Winterwesen ist die Sternen-
mutter, an die die Kinder ihre Wunschzettel schreiben.
Ihr Mann, der Sternenmann, kommt als Priester verkleidet und stellt den Kindern Fragen zur Bibel. Er wird
von den Drei Weisen begleitet, die den Kindern kleine
Geschenke bringen.*

Aus der kleinen Küche des Sternenhauses riecht es ganz verlockend.
»Mmh, Bratäpfel!«, ruft der Nikolaus. Die Sternenmutter schlägt die
Hände zusammen: »Oh, hoffentlich sind sie uns nicht angebrannt!
Über Tinkepits Geschichte habe ich ganz vergessen, dass ja die Äpfel
im Ofen schmoren.« Eilig verschwindet sie in der Küche und kommt
schon bald mit einem großen Blech voller Bratäpfel wieder zurück.
Sie sehen so köstlich aus, dass Natalie das Wasser im Munde zusam-
menläuft.
»Das sind die besten Bratäpfel der Welt!«, lobt der dicke Weihnachtsmann aus England, den sie Santa Claus nennen. Und Natalie
findet, er hat Recht. Die Sternenmutter strahlt, weil es allen so gut
schmeckt. Und im Nu sind die Teller leer. »Darf ich noch einen...?«,

fragt ein kleiner schwarzer Junge in bunten Hosen. »Aber sicher, Piet, lang nur zu!« Als alle schließlich satt sind, sagt der Nikolaus: »So, Sternenmutter, deine Geschichten sind doch so gut wie deine Bratäpfel. Erzähl uns was aus deinem Land!«

»Übertreib mal nicht, Nikolaus!«, lacht die Sternenmutter. »Aber erzählen will ich euch gerne. Bei uns in Polen ist Weihnachten ein Sternenfest. Die Kinder stehen am Heiligen Abend am Fenster und schauen in den Nachthimmel. Wenn ich den ersten funkelnden Stern aufleuchten lasse, kann das Fest beginnen. Die Kinder können es kaum erwarten, denn am Tag vor Weihnachten gibt es nichts als Tee. Für die Kinder ist ein solcher Fastentag ganz schön lang. Aber sie freuen sich schon so auf Weihnachten und am Morgen dieses Tages dürfen sie kleine Briefchen mit ihren Wünschen schreiben. Die legen sie dann aufs Fensterbrett, wo ich sie still und heimlich abhole. Diese Wunschzettel gebe ich meinem Mann, dem Sternenmann. Uns beiden bleibt nicht viel Zeit, um all die Geschenke zu besorgen, denn am Abend schon bringen die Drei Weisen sie den Kindern. Wir schaffen es zusammen aber jedes Mal, weil die Kinder bei uns nur kleine Wünsche haben, Dinge, die leicht zu beschaffen sind. Die Geschenke sind bei uns auch gar nicht so wichtig.

Viel wichtiger ist allen das gemeinsame Festessen. Es beginnt immer damit, dass die geweihte Weihnachtsoblate vom Schrank geholt wird und jeder sich ein Stück davon abbricht. Die Mutter verteilt Stroh auf einer langen Tafel und breitet darüber ein weißes Tuch. Dann wird der Tisch festlich gedeckt. Ein Platz bleibt immer frei für einen unerwarteten Gast, vielleicht für einen armen Menschen aus dem Dorf.

Letztes Jahr gab es am Weihnachtsabend eine große Aufregung in der Familie von Tomek und Bogna. Die Kinder hatten gerade den ersten Stern am Himmel gesehen und jetzt versammelte sich die ganze

Familie um den gedeckten Tisch. Der Vater wollte den Teller mit der Weihnachtsoblate vom Schrank holen, aber – o Schreck – der Teller war leer, die Oblate verschwunden. Tomek und Bogna jammerten und die Eltern sahen sich erschrocken an. Was war geschehen? Da fiel der Blick der Mutter auf Pinkesch, den getigerten Kater, der zufrieden schnurrend neben dem Herd lag. ›Pinkesch‹, sagte die Mutter streng, ›das kannst doch nur du gewesen sein!‹ Der Kater gab keine Antwort, aber er drehte schuldbewusst den Kopf beiseite.

Was tun? Undenkbar war es, das Fest ohne die Weihnachtsoblate zu beginnen. Alle waren ratlos. Bogna begann sogar zu weinen. Vater und Mutter überlegten angestrengt, was sie jetzt tun sollten. Nur Tomek hörte, wie es an der Tür klopfte. Draußen stand der alte Vladek. Er lebte ganz allein in einem ärmlichen Häuschen am Rand des Dorfes. Die Kinder machten sich oft einen Spaß daraus, ihm einen Streich zu spielen. Jetzt stand er hier und schaute etwas verlegen zu Boden. In der Hand hielt er einen Teller, über den ein Tuch geschlagen war.

›Bozego Nardodzenia‹, sagte der alte Vladek. Das heißt ›Frohe Weihnachten‹ auf polnisch. ›Darf ich hereinkommen?‹ Ein Lächeln huschte über sein faltiges Gesicht. ›Ich dachte, ich könnte vielleicht meine Oblate mit euch teilen. Ich habe sie geschenkt bekommen und für mich alleine ist sie viel zu groß.‹

Der Vater umarmte den Vladek herzlich und führte ihn in die Stube. Alle setzten sich um den Tisch. Vladek bekam den Platz, der frei geblieben war. ›Sie haben unser Fest gerettet‹, freute sich die Mutter. Und Bogna erzählte dem alten Mann die Geschichte ihrer Weihnachtsoblate, die der Kater gefressen hatte.

›Ja, wenn das so ist‹, sagte der Alte, ›dann wird es kein Zufall gewesen sein, dass ich gerade bei euch angeklopft habe.‹ Und dabei zwinkerte er dem Kater Pinkesch zu, der schnurrend an seinem Hosenbein entlangstrich. So kam es, dass das Fest doch noch beginnen konnte, als schon viele Sterne am Himmel standen.

Später, als das Essen mit den zwölf verschiedenen Speisen längst beendet war, klopfte es ein zweites Mal und die Kinder rannten zur Tür. Draußen stand der Sternenmann, begleitet von den Drei Weisen. Sie wurden hereingebeten und stellten Tomek und Bogna einige Fragen zu Geschichten aus der Bibel. Damit kannten sich Tomek und Bogna bestens aus. Der Sternenmann war sehr zufrieden und gab den Drei Weisen ein Zeichen. Daraufhin griffen sie in einen großen Sack und verteilten ihre Geschenke. Tomek bekam das Taschenmesser, das er sich schon lange gewünscht hatte und dazu einen warmen Schal, für Bogna gab es eine schöne Geldbörse aus Leder und ein Buch mit Tiergeschichten.

Lange saß die Familie an diesem Abend noch zusammen. Gemeinsam wurden Weihnachtslieder gesungen und es stellte sich heraus, dass der Vladek eine besonders schöne Stimme hatte. Um Mitternacht durften die Kinder mit in die Kirche gehen. Manchmal ist bei uns die Freude über Weihnachten, das Sternenfest, so groß, dass die Menschen erst schlafen gehen, wenn der letzte Stern am Himmel verblasst ist. Aber ich denke, dass Tomek und Bogna bestimmt schon vorher die Augen vor Müdigkeit zugefallen sind.«

In Polen beginnt die Weihnachtsfeier, wenn am Heiligabend der erste Stern am Himmel aufleuchtet. Auf das gemeinsame Festessen freut sich die ganze Familie – und nicht nur deshalb, weil alle den ganzen Tag fasten, um sich darauf einzustimmen. Das Festmahl beginnt damit, dass jeder ein Stückchen der großen Weihnachtsoblate bekommt, die zuvor in der Kirche geweiht wurde. Der Tisch ist festlich gedeckt und unter der Tischdecke ist Stroh ausgebreitet. Dies soll daran erinnern, dass auch das Jesuskind auf Stroh in einer Krippe lag.

Ein Platz am Tisch bleibt immer für einen unerwarteten Gast frei oder auch für Gott. Das Festessen dauert sehr lang und besteht aus zwölf verschiedenen Speisen, weil Jesus zwölf Freunde hatte, die Apostel. Es gibt selbst gebackenes Weißbrot, rote Borschtschsuppe, Sauerkraut mit Pilzen, verschieden zubereiteten Karpfen, Piroggen (das sind gefüllte Teigtaschen) und vielerlei süße Sachen zum Nachtisch.

Für die Kinder sind die Sternenmutter und der Sternenmann besonders wichtig und an die beiden schreiben sie auch ihre Wunschzettel. Am Weihnachtsabend nach dem Festessen kommt der Sternenmann zu den Familien. Er hat sich als Priester verkleidet und stellt den Kindern Fragen zu Geschichten aus der Bibel. Begleitet wird der Sternenmann von den Drei Weisen, die dann die Geschenke verteilen.

In den größeren Städten aber bringt heutzutage immer öfter der Weihnachtsmann den Kindern Geschenke. Er heißt Mikolay und ist eigentlich der polnische Nikolaus. Die Kinder in Polen haben nicht so große Wünsche wie bei uns, sie bekommen meistens ein paar Kleinigkeiten. Diese liegen oft unter einem Tannenbaum, der mit Glaskugeln, Figürchen, Gebäck und selbst gemachten Papiergirlanden geschmückt ist.

In der Vorweihnachtszeit werden im ganzen Land Puppenspiele gezeigt, die die Weihnachtsgeschichte darstellen. Es gibt auch wunderschöne Krippen aus Pappe mit buntem Stanniolpapier, die Krakauer Krippen. Es werden sogar richtige Wettbewerbe ausgeschrieben, an denen Schüler teilnehmen können, um solche Krippen zu bauen. Die schönsten Krippen werden dann ausgestellt und bekommen einen Preis.

DER SINTERKLAAS AUS DEN NIEDERLANDEN ERZÄHLT

Der Sinterklaas ist der niederländische Nikolaus. Er ist eine würdevolle Erscheinung mit roter Bischofsrobe, weißen Handschuhen und der Mitra, der Bischofsmütze, auf dem Kopf. Sein Begleiter ist der Zwarte Piet, ein kleiner schwarzer Junge in bunten Hosen. Jedes Jahr kommt der Sinterklaas mit einem Schiff nach Holland. Er reitet auf seinem Schimmel von Dach zu Dach, um den Kindern Geschenke durch den Schornstein zu werfen.

»Wollt ihr ein paar Pfeffernüsse?«, fragt der Zwarte Piet in die Runde. »Ich hab einen ganzen Sack voll mitgebracht.« Und schon beginnt der bunt gekleidete Mohr, die Pfeffernüsse auszuteilen. »Hier, fang auf!«, ruft er dem verdutzten Nikolaus zu. Und zack, trifft diesen eine Pfeffernuss am Kopf. »Oje, das wollte ich nicht«, meint der Zwarte Piet kleinlaut und fängt einen strafenden Blick vom Sinterklaas auf. »Mein guter Piet, du bist einfach zu ungestüm.« Doch der Nikolaus knabbert an seiner Pfeffernuss und meint versöhnlich: »Lass mal, Sinterklaas, dein kleiner Helfer hat es gut gemeint. Und diese Pfeffernüsse sind nicht übel!«

Der Sinterklaas lächelt. »Mein Piet schlägt zwar manchmal etwas über die Stränge, aber im Grunde ist er ein treuer Begleiter, besonders auf meinen langen Seereisen. Wie ihr wisst, komme ich jedes Jahr im November von Spanien übers Meer in die Niederlande gefahren. Die Menschen dort sind ein altes Volk von Seefahrern. Und sie lieben es, ihren Sinterklaas am Hafen zu begrüßen, wenn er auf seinem weißen Schimmel an Land reitet.«

»Nur wissen sie nicht«, erzählt der Zwarte Piet, »dass der echte Sinterklaas ganz heimlich nachts in einem kleinen alten Hafen ankommt. Von dort aus reitet er unbemerkt mit seinem Schimmel durch die Lüfte. Dafür tauchen überall im Land Sinterklaase auf, die sich verkleidet haben. Sie reiten sogar auf echten Pferden, aber natürlich nicht durch die Luft. Und die Menschenmenge jubelt ihnen zu.«

»Der kleine Piet hat Recht«, sagt Sinterklaas, »und ich muss zugeben, dass ich neugierig war. Ich wusste, dass jedes Jahr ein verkleideter Sinterklaas mit seinem Schiff in Amsterdam ankommt. Das ist für die Menschen ein großes Spektakel. Die halbe Stadt ist immer auf den Beinen. Und vorletztes Jahr beschloss ich, mich unter die Menschenmenge zu mischen. Damit mich keiner erkennen konnte, hatte der Zwarte Piet mir ganz gewöhnliche Kleider besorgt. Ich wollte nur einen kurzen Blick auf den falschen Sinterklaas werfen und Piet sollte solange mit dem Schimmel auf mich warten. ›In einer Stunde bin ich zurück‹, sagte ich ihm.

Dann zog ich los und es gelang mir, am Hafen einen Platz in der großen Menge der Schaulustigen zu finden. Ich war sehr mit mir zufrieden, weil mich niemand erkannt hatte. In meiner Verkleidung hielten mich die Leute für einen gewöhnlichen alten Mann. Nur mein langer weißer Bart sah vielleicht etwas wunderlich aus.

So stand ich mit den anderen erwartungsvoll am Uferdamm, als ein großes weißes Schiff sich langsam näherte. Die Kinder zupften ihre

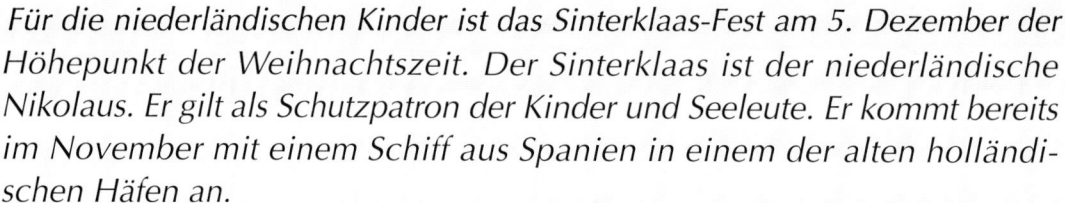

Für die niederländischen Kinder ist das Sinterklaas-Fest am 5. Dezember der Höhepunkt der Weihnachtszeit. Der Sinterklaas ist der niederländische Nikolaus. Er gilt als Schutzpatron der Kinder und Seeleute. Er kommt bereits im November mit einem Schiff aus Spanien in einem der alten holländischen Häfen an.

In der Hauptstadt Amsterdam wird er auf seinem Schimmel reitend und in Begleitung von tausenden von Kindern und Erwachsenen empfangen. Mit Polizeieskorte und Musikkapelle begleitet ihn die Menge dann zur Nikolauskerk und zum königlichen Palast. Dieses Ereignis wird heute landesweit im Fernsehen übertragen. Die Helfer des Sinterklaas sind kleine Mohrenjungen, die »Zwarten Piets«, das heißt »schwarze Peter«.

Der Sinterklaas reitet auf seinem Schimmel über die Dächer und verteilt die Geschenke durch die Schornsteine. Ab dem 2. November stellen die Kinder abends Wasser, Brot und Karotten zur Stärkung für den Schimmel bereit, denn das Pferd muss weite Strecken über die Dächer zurücklegen. Am nächsten Morgen finden sie als Dank dafür ein Stückchen Schokolade oder eine Pfeffernuss in ihren Schuhen. Das alles ist für die niederländischen Kinder sehr aufregend und es gibt viele Lieder und Geschichten darüber.

Am 5. Dezember legt man einen großen Sack vor die Haustüre, der am »Abend der Pakete« mit Geschenken für die ganze Familie gefüllt ist. Die Geschenke werden in den Niederlanden meist sehr liebevoll verpackt oder auch versteckt. Da bekommt jemand ein riesiges Paket und findet darin ein etwas kleineres Paket und darin ein noch kleineres. Und wenn er am Ende Berge von Holzwolle und Papier durchsucht hat, entdeckt er ein winziges Päckchen mit einem Ring oder irgendeiner Kleinigkeit, über die er sich besonders freut. Manchmal werden die Kinder wie bei einer Schatzsuche mit kleinen Zetteln von Ort zu Ort geschickt, bis sie das Geschenk schließlich finden. Beliebt sind auch kleine Briefchen mit lustigen Reimen, die das Geschenk begleiten und den Beschenkten necken oder zeigen, wie lieb man ihn hat.

Das eigentliche Weihnachtsfest ist still und beschaulich. Es gibt ein besonderes Essen, aber keine Geschenke mehr für die Kinder.

Mütter vor Aufregung am Ärmel und wollten immer wieder wissen, ob man den Sinterklaas schon sehen könne. Dann wurde eine Schiffsbrücke heruntergelassen. Stolz und würdevoll kam nun der verkleidete Sinterklaas vom Schiff geritten. In seinem Gefolge hüpfte eine ganze Schar von Zwarten Pieten, die aus ihren Säcken Pfeffernüsse unters Volk warfen.

Jetzt ritt der Sinterklaas die Straße entlang, die man für ihn abgesperrt hatte. Er wurde von einer Polizeieskorte begleitet und dahinter spielte eine Musikkapelle. Er neigte sich hoheitsvoll nach rechts und links, wo ihm die Menschen zujubelten. Die Menschenmenge setzte sich langsam in Bewegung und folgte dem Schimmel.

›Sag mal, wo reitet der Sinterklaas nun hin?‹, fragte ich einen kleinen Jungen, der neben mir stand. Der blickte erstaunt auf: ›Das weiß doch jeder. Er reitet zum Palast. Dort wird er von der Königin empfangen.‹

›Tut mir Leid‹, erklärte ich, ›aber ich bin das erste Mal dabei. Ich bin nicht von hier.‹ Der Junge sah mich aufmerksam an. ›Du hast einen ganz schön langen Bart‹, sagte er, ›fast so einen wie der Sinterklaas.‹

›Wirklich?‹, fragte ich scheinheilig. Dann wollte ich seinen Namen wissen. Er hieß Jan. ›Komm mit‹, sagte Jan zu mir, ›hier ist so ein Gedränge. Ich weiß einen Schleichweg, auf dem wir schneller zum Schloss kommen. Dann können wir besser sehen, wie die Königin den Sinterklaas begrüßt.‹

Ich wollte Jan gerade folgen, da hörte ich hinter mir ein Keuchen. ›Sinterklaas, endlich! Dich in dieser Menschenmenge zu suchen, da findet man ja leichter eine Stecknadel im Heuhaufen!‹ Der Zwarte Piet war ganz außer Atem. Offensichtlich hatte er sich in großer Eile durch die Menge geboxt. ›Was ist denn los, Piet? Du solltest doch auf mich warten.‹

›Ja, eine Stunde hast du gesagt! Weißt du eigentlich, wie spät es ist?‹ Ich hatte über dem ganzen Schauspiel die Zeit völlig vergessen! ›Jetzt

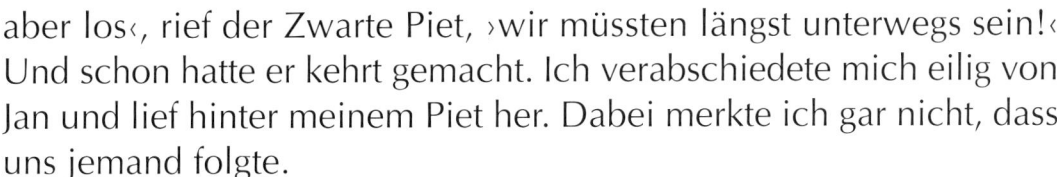

aber los‹, rief der Zwarte Piet, ›wir müssten längst unterwegs sein!‹ Und schon hatte er kehrt gemacht. Ich verabschiedete mich eilig von Jan und lief hinter meinem Piet her. Dabei merkte ich gar nicht, dass uns jemand folgte.

Endlich kamen wir aus dem Getümmel heraus und liefen an kleinen Grachten entlang, bis wir bei meinem Schimmel ankamen. Piet hatte ihn an ein Brückengeländer gebunden. Er reichte mir mein rotes Gewand und flugs wechselte ich die Kleider. Gerade als ich meinen linken Handschuh überstreifte, sah ich, dass Jan sich hinter einem Baum versteckt hatte und uns beobachtete. Ich winkte ihn heran und er kam zögernd näher. ›He, wolltest du nicht zur Königin gehen?‹ ›Ich hab's mir anders überlegt‹, sagte er. ›Ich wollte lieber sehen, ob du wirklich ein Sinterklaas bist.‹ Ich lachte: ›Nicht irgendeiner, ich bin *der* Sinterklaas! Deswegen muss ich jetzt auch ganz schnell los, sonst gibt es heute Abend keine Geschenke. Mach's gut, Jan!‹ Piet half mir aufs Pferd und schwang sich hinter mich. Und schon preschten wir los. Der Schimmel erhob sich in die Luft und von oben winkte ich Jan noch einmal zu, der uns mit offenem Mund hinterherstarrte. Wir hatten uns tüchtig verspätet und mussten uns an diesem Abend wirklich beeilen, um alle Geschenke noch rechtzeitig in die Schuhe zu stecken. Mein guter Schimmel sauste wie ein Wirbelwind von Dach zu Dach. Zum Glück hatten viele Kinder etwas Stroh und eine Mohrrübe zur Stärkung für mein fleißiges Pferd an den Kamin gestellt. Als Jan nach Hause kam, fand er drei bunt verpackte Geschenke und einen kleinen Zettel, auf dem stand:

> Lieber Jan,
> wir haben auch an dich gedacht
> und dir drei Päckchen mitgebracht.
> Bis nächstes Jahr viel Glück und Spaß
> wünscht dir der echte Sinterklaas.«

SANTA CLAUS AUS GROSSBRITANNIEN ERZÄHLT

Santa Claus ist der verschmitzte englische Weihnachts-
mann. Er ist ein drolliger Kauz, der immer zu einem
Spaß aufgelegt ist. Auf dem Kopf trägt er einen Kranz
aus Mistelzweigen und man sieht ihn meist an einer
langen Tonpfeife schmauchen. Mit seinem Rentier-
schlitten fährt er über die Dächer und wirft seine
Geschenke durch die Kamine.

Santa Claus hat die Geschichte des Sinterklaas sehr amüsiert. Vor
Lachen kullern ihm zwei Tränen die dicken Backen herunter. »Das ist
ja eine Geschichte, Sinterklaas! Da bemüht sich unsereins redlich,
sich vor den Menschen nicht blicken zu lassen, und du steigst am hel-
lichten Tage vor den Augen eines Jungen einfach in die Luft!
Mich würden die Kinder in England ja auch gerne einmal auf meinem Schlitten sehen, aber das gelingt ihnen nicht. Ich will euch die
Geschichte von Billy erzählen, der versucht hat, mich auszutricksen.
Er wohnte mit seinen Eltern in London. Das ist die größte Stadt unseres Landes. Früher hatten dort alle Häuser einen Kamin, durch den
ich in der Weihnachtsnacht kam, um den Kindern meine Gaben in

ihre Strümpfe zu füllen. Es gab also unzählige Kamine und alle rauchten und qualmten. So war London im Winter immer in dichten Nebel gehüllt. Dann änderten sich die Zeiten, die Leute mauerten ihre Schornsteine zu und bekamen elektrische Heizungen. Von da ab wurde es mit dem Nebel besser, aber ich bekam Schwierigkeiten. Wenn es keinen Kamin mehr gab, wie sollte ich dann in die Häuser gelangen? Die Kinder wussten einen Ausweg. Sie lehnten in der Weihnachtsnacht ihr Zimmerfenster nur an und hängten ihren Strumpf an den Bettpfosten. So konnte ich durchs Fenster hineinschlüpfen.

Genauso machte es auch Billy immer. In dem Jahr aber, von dem ich nun erzähle, kam von Billys Großeltern eine Einladung. Sie wollten zusammen mit der ganzen Familie Weihnachten in ihrem Landhaus in Wales feiern. Billy freute sich sehr darauf; und deshalb reiste die Familie bereits einige Tage vor dem Fest an. Als sie ankamen, stand die Großmutter in der Eingangstür, über der ein Mistelzweig aufgehängt war. Billy rannte auf seine Granny zu und sie umarmte ihn. ›Unter dem *kissing bush* soll man sich küssen‹, erklärte sie, ›das bringt Glück fürs nächste Jahr.‹

Bald schon begann ein geschäftiges Treiben, um alles zu erledigen, was vor Weihnachten zu erledigen ist. In der Küche wurde eifrig gebacken und gekocht. Großvater spannte im Wohnzimmer eine lange Leine und Billy durfte ihm helfen, mit Wäscheklammern all die bunten Weihnachtskarten daran aufzuhängen, die der Briefträger jeden Morgen brachte.

Später klingelte es. Draußen standen mehrere Nachbarskinder, die als *carol singers* von Haus zu Haus zogen. Die Kinder sangen Weihnachtslieder, wünschten Glück und Billy durfte ihnen ein paar Pennys in den Beutel geben. Als die *carol singers* weitergezogen waren, wartete der Großvater mit der nächsten Überraschung auf: Im offenen Kamin brannte ein *christmas block*, ein riesiges Stück Holz, das die

ganzen Feiertage über brennen sollte. ›Den gab es früher in ganz England‹, erfuhr Billy vom Großvater. Und dann durfte er zusammen mit seinem Vater den Weihnachtsbaum bunt schmücken.

Billy musste immer wieder an den Kamin denken. Heute Abend würde er einen Socken unter das Abzugsloch hängen. Und Santa Claus würde auf seinem Rentierschlitten übers Dach reiten und durch den Kamin rutschen, um Billys Socken zu füllen. Billy fasste einen Entschluss. Zu gerne wollte er Santa Claus einmal sehen. Wenn alle anderen schliefen, wollte er sich im Wohnzimmer hinter dem großen Sessel verstecken, um auf Santa Claus zu warten.

Abends saß die Familie um die festliche Tafel. Es gab Truthahn, den die Granny mit Kastanien gefüllt hatte. Später stand auf dem Tisch der leckere Plumpudding, der mit Rum übergossen wurde. Als Großvater den Rum anzündete, betrachtete Billy entzückt die kleinen blauen Flämmchen, die im Dunkeln um den Pudding herumtanzten.

Nach dem Essen durfte er seine rotgestreiften Socken in den Kamin hängen. Dann war es Zeit für ihn, ins Bett zu gehen. Dort lag er und fühlte sich kein bisschen müde. Er knipste die Nachttischlampe an und blätterte in seinen Bilderbüchern. Die Zeit schlich dahin. Endlich hörte Billy, wie die Großen sich Gute Nacht wünschten und es still wurde im Haus. Noch eine Weile wartete er, ehe er auf Zehenspitzen die Treppe hinunter ins Wohnzimmer schlich.

Dort hockte er sich hinter den dicken Sessel. Die Wanduhr schlug zwölf Mal, Billy zählte mit. Wie lange würde er wohl auf Santa Claus warten müssen? Eine Stunde verstrich und noch eine. Billy kämpfte nun doch gegen die Müdigkeit. Er dachte an die Seeräubergeschichte, die Großvater ihm gestern erzählt hatte. Und er lutschte ein Pfefferminzbonbon, das er auf seinem Nachttisch gefunden hatte.

Ich aber war schon lange mit meinem Schlittern über den Dächern unterwegs. Ich wusste, dass Billy sich versteckt hatte, um auf mich zu

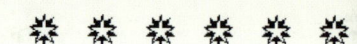

In England werden im Dezember viele Weihnachtskarten verschickt. Jede Familie sammelt ihre Karten und stellt sie auf den Kaminsims oder hängt sie an einer Schnur auf. Vor Weihnachten gehen die Kinder von Tür zu Tür, singen Weihnachtslieder und bekommen Süßigkeiten dafür. Vor allem in Wales ist dieser Brauch besonders ausgeprägt, die Kinder heißen dort »carol singers«.

Die Wunschzettel werden auf den Kamin gelegt, von wo aus sie durch den Schornstein den Weg zu Santa Claus finden sollen. Am Heiligabend hängen die Kinder Strümpfe in den Kamin oder an den Bettpfosten. In der Nacht zum 25. Dezember reitet Santa Claus dann mit seinem Rentierschlitten über die Dächer und füllt den Kindern die Strümpfe mit Süßigkeiten und kleinen Geschenken.

Früher gab es in England den Jule-Klotz oder »christmas block«, einen großen Holzblock, der zu Weihnachten Stück für Stück im Kamin verbrannt wurde. Heute gibt es stattdessen meist einen mit bunten Papiergirlanden geschmückten Tannenbaum. Darunter liegen auch größere Geschenke, die nicht in die Strümpfe passen.

Am Heiligabend gibt es üblicherweise Truthahn mit Kastanienfüllung und auf keinen Fall darf der Plumpudding fehlen, der schon einige Wochen vorher zubereitet wird. Dieser sehr üppige, feste Pudding wird mit Rum übergossen und flambiert. Im Plumpudding ist oft eine Silbermünze versteckt, die dem Finder ein ganzes Jahr lang Glück bringen soll.

Am 25. Dezember werden Verwandte eingeladen und um fünf Uhr zur Teezeit bekommt jeder ein Knallbonbon, das zusammen mit dem Tischnachbarn unter großem Hallo auseinander gezogen wird. Das Knallbonbon ist ein Papierhütchen, in dem ein kleines Spielzeug versteckt ist. Wenn alle ihre Papierhütchen aufgesetzt haben, werden die Kerzen am Weihnachtsbaum angezündet.

warten. ›Oho, du kleiner Schelm‹, dachte ich mir. ›Santa Claus überlistet man nicht so einfach.‹ Und deshalb kam ich nicht durch den Kamin. Aber leer ausgehen sollte der Junge schließlich auch nicht. So flog ich ums Haus an sein Zimmerfenster. Es war nur angelehnt und vorsichtig schlüpfte ich hinein. Zu dumm nur, dass Billy seinen Socken am Kamin hängen hatte. Wo sollte ich die Geschenke hinstecken? Ich konnte nichts finden! Da zog ich kurzerhand meinen eigenen Socken aus, füllte den und hängte ihn ordentlich an den Bettpfosten.

Billy hockte immer noch tapfer im Wohnzimmer, aber je länger er warten musste, desto schwerer fiel es ihm. ›Also wirklich, Santa Claus‹, dachte er ungeduldig, ›jetzt könntest du aber langsam kommen!‹ Dann fiel ihm ein, dass Santa Claus vielleicht gar nicht wusste, dass er hier bei seinen Großeltern war. Bestimmt würde er daheim in London vor verschlossenen Fenstern stehen. Wie sollte er auch wissen, dass Billy hier war?

Frühmorgens öffnete sich die Zimmertür und die Großmutter trat ein. Billy war tatsächlich wach geblieben, aber er war furchtbar müde. ›Billy, was machst du denn hier?‹, wunderte sich die Granny. ›Ich habe die ganze Nacht auf Santa Claus gewartet‹, schluchzte Billy nun los, ›aber er ist nicht gekommen. Schau, mein Socken ist leer!‹

Tröstend nahm ihn die Granny in die Arme. ›Es ist doch klar, dass er nicht kommt, wenn du dich hier versteckt hältst. Santa Claus will von den Menschen nicht gesehen werden. Jetzt bring ich dich aber erst mal ins Bett. Du kannst ja kaum mehr die Augen aufhalten.‹ Und sie führte Billy in sein Zimmer. Gerade als er sich hinlegen wollte, fiel sein Blick auf den Bettpfosten. Dort hing ein großer geringelter Männersocken und er war gefüllt mit Süßigkeiten und kleinen Päckchen. ›Santa Claus hat also doch gewusst, dass ich hier bin!‹, murmelte Billy glücklich. Mehr konnte er aber nicht mehr sagen, denn er sank in sein Kissen und schlief sofort wie ein Murmeltier.«

DIE BEFANA AUS ITALIEN ERZÄHLT

Die Befana ist eine gute Hexe, die den Kindern am Dreikönigstag kleine Geschenke bringt. Sie kommt in der Nacht durch den Kamin und legt ihre Gaben in Strümpfe oder Schuhe, die die Kinder am Abend zuvor bereitgestellt haben.

»Verflixt, verhext und zugenäht! Ich habe meine Kräuterbonbons zu Hause liegen lassen!«, murmelt die alte Frau, die neben Santa Claus sitzt.

Santa Claus grinst: »Befana, Befana, ich glaube, du wirst langsam alt! Letztes Jahr hattest du schon deinen Korb mit den *torroni* für uns vergessen. Dabei ist das doch meine Lieblingsnascherei.«

»Und vor zwei Jahren dein Hexenkochbuch. Da konntest du uns nicht mal die leckere Stinkmorchelsuppe kochen!«, fügt der Zwarte Piet hinzu.

Die Befana kichert. »Ich weiß, ich bin mit den Jahren ein wenig vergesslich geworden. Und weil ich so vergesslich bin, passieren mir oft die lustigsten Sachen, wenn ich den Kindern Geschenke bringe.«

»Du bringst den Kindern die Geschenke?«, ruft Natalie verwundert.

»Dann bist du ja eine richtige Weihnachtshexe!«

»Nicht so ganz«, sagt die Befana. »Ich komme nämlich erst am 6. Januar, dem Epiphaniastag. Das ist mein Tag. Da warten die Kinder auf mich, denn ich fülle ihnen die Strümpfe mit lauter guten Sachen. Nur für die ganz Frechen hab ich ein paar Kohlestückchen dabei. Aber die sind schon ganz verstaubt, weil ich sie selten brauche.

Früher haben mir alle Kinder ihre Wunschzettel geschickt, aber heutzutage wünschen sich auch viele etwas zu Weihnachten von unserem *bambinello,* dem Jesuskind. Schon vor Weihnachten sehen die Kinder in ihrem Adventskalender, wie das Fest immer näher rückt, und sie hören in den Straßen die Hirten auf ihren Dudelsäcken Weihnachtslieder spielen.

Aber das Wunderbarste in der Adventszeit sind doch die Krippen in unserem Land. Eine prachtvolle Krippe ist der Stolz einer jeden Familie. Und so wird in allen Häusern begeistert gebastelt und geschnitzt. Stellt euch vor, es werden ganze italienische Landschaften nachgebaut! Da stehen nicht nur Maria und Josef mit dem Jesuskind, die Hirten und die Heiligen Drei Könige, nein, da sieht man ganze Dörfer mit ihren Bewohnern, mit Handwerkern, Bauern, Frauen und Kindern und natürlich vielen Tieren. Die Figuren sind aus Holz, Ton oder Wachs geformt, manche sogar aus Teig gebacken. Und oft sind sie in wunderschöne Gewänder gekleidet. Jedes Jahr basteln die Eltern eine neue Figur dazu, um die Kinder zu überraschen. Im Mittelpunkt der Krippe jedoch steht immer das Jesuskind.

Ihr solltet aber erst einmal die Krippen in den Kirchen sehen! Da bekommen die Kinder große Augen, wenn sie am Heiligen Abend ihre Eltern noch spät in die Messe begleiten dürfen. Und danach gibt es zu Hause ein Festessen. Früher brannte dabei im Kamin ein großer Wurzelstock, der Weihnachtsklotz. Heute gibt es stattdessen meistens einen geschmückten Tannenbaum. Darunter liegen allerdings keine

Geschenke. Die stecken vielmehr in einem Behälter, der ›Urne des Schicksals‹ genannt wird. Und wie bei einer Lotterie werden nach dem Essen die Geschenke gezogen. Dabei haben alle großen Spaß. Ich komme natürlich viel im Land herum und kann mich immer nur wundern, auf welche Einfälle die Menschen kommen. Einmal habe ich in einem kleinen Dorf in Calabria meinen Augen nicht getraut: Da war doch wirklich in einem Brunnen eine beleuchtete Krippe unter Wasser aufgebaut!«

»War das nicht damals in Terravecchia, als du die Geschenke für die Kinder verwechselt hast? Ach bitte, erzähl uns die Geschichte doch noch mal!«, ruft nun Tomte Tinkepit eifrig dazwischen.

»Stimmt«, schmunzelt die Befana, »und eigentlich ist das alles ja wegen dieser Unterwasserkrippe passiert. Ich war damals schon seit Anbruch der Dunkelheit unterwegs, um die Geschenke im ganzen Land auszuteilen. Die Nacht war eisig kalt und meine Füße auch. Ich freute mich schon auf meine warme Stube, wo ich es mir nach getaner Arbeit bei einem Gläschen Kräutertee so richtig gemütlich machen wollte. Zum Glück fehlte mir nur noch dieses abgelegene Dörfchen. Ich flog also dorthin und landete an einem steinernen Brunnen, dessen Wasser merkwürdig hell erleuchtet war. Da sah ich die Krippe, die jemand am Grund des Brunnens aufgebaut hatte und kam aus dem Staunen nicht heraus. Ich hatte ja schon einiges gesehen, aber so etwas noch nicht. Eine ganze Weile muss ich dort am Brunnen gesessen und die Krippe angeschaut haben. Schließlich schlug die Uhr vom Campanile fünf Mal. Au wei, jetzt musste ich mich aber sputen!«

»Was ist ein Campanile?«, will Natalie wissen.

»Ein Glockenturm, mein Kind. Es war also schon fast hell und ich musste mich beeilen. In meinen Taschen kramte ich nach der Liste. Ich mache mir nämlich für jeden Ort im Land eine Liste, welche Kinder dort wohnen und was sie sich wünschen. Wie soll ich das sonst alles im Kopf behalten!

Aber so viel ich in meinen Taschen auch kramte, die Liste kam nicht zum Vorschein. Zu dumm! Was sollte ich tun? Ich sauste schließlich auf meinem Besen von Kamin zu Kamin und verteilte die kleinen Geschenke, so gut ich mich eben erinnern konnte.

›Endlich fertig mit der Arbeit, jetzt wartet ein warmer Tee auf dich‹, freute ich mich und ritt in Windeseile auf meinem Besen zurück zu meiner kleinen Hütte in den Bergen. Aber was glaubt ihr – als ich gerade meinen Umhang zu Hause ablegen wollte, fiel ein zerknitterter Zettel heraus: die Wunschliste. Ach du rote Nase! Ich merkte gleich, da hatte ich doch einige Päckchen verwechselt. Nun bekam Opa Peppone die Holzlokomotive, Antonella das Ritterschwert, Pasquale, der noch gar nicht lesen konnte, das Abenteuerbuch und der starke Emilio die Babypuppe.

Da half alles nichts. Ich schwang mich trotz rot gefrorener Nase wieder auf den Besen und flitzte los, um meine Schlamperei in Ordnung zu bringen. Morgen sollte ja jedes Kind sein richtiges Geschenk finden. Eifrig huschte ich hin und her, um die Geschenke auszutauschen. Gerade steckte ich die Babypuppe in Antonellas Schuh, als eine Kinderstimme hinter mir rief: ›Die Befana, die Befana! Wacht auf, die Befana ist da!‹ So schnell ich konnte, schnappte ich mir meinen Besen und machte mich davon.

Es schlug sieben Uhr vom Campanile, als ich mich erschöpft in meinen Sessel sinken ließ. Der Tee war zwar kalt geworden, aber ich war glücklich. Noch oft muss ich kichern, wenn ich daran denke, wie Antonella mich ertappt hat.«

In Italien ist für die Kinder das Weihnachtsfest weniger wichtig als der Dreikönigstag am 6. Januar. An diesem Tag bekommen sie ihre Geschenke, weil auch die Heiligen Drei Könige das Jesuskind in der Krippe beschenkt haben. Die eigentliche Weihnachtszeit beginnt eine Woche vor Heiligabend und endet am 6. Januar.

Das Wichtigste am Weihnachtsfest, das in Italien »natale« heißt, ist nicht der Tannenbaum, sondern die Krippe. Im Laufe der Zeit entstehen in den meisten Familien richtige Krippenlandschaften. Ganze Dörfer werden nachgebildet. Jedes Jahr kommen neue Teile und Figuren hinzu. Es gibt auch sehr wunderliche Krippen, zum Beispiel Unterwasserkrippen.

Sehr beliebt sind auch die zahlreichen Krippenspiele, die aber nicht mit Puppen, wie etwa in Polen, sondern mit richtigen Menschen aufgeführt werden. In Rom, der Hauptstadt des Landes, eröffnet am 24. Dezember ein Kanonenschuss vom Kastell San Angelo die heilige Zeit. Um neun Uhr abends finden feierliche Gottesdienste statt. Danach gibt es im Familienkreis ein Festessen und später eine Art Lotterie. Aus einem Behälter, der »Urne des Schicksals« genannt wird, darf sich jeder ein kleines Geschenk ziehen.

Der eigentliche Geschenketag für die Kinder ist aber der Dreikönigstag. Manche Kinder richten ihre Wunschzettel an das »bambinello«, das Jesuskind. In Rom gibt es in der Kirche Santa Maria Aracoeli ein Jesuskind aus Wachs mit einer Krone aus Gold und Edelsteinen. Viele Menschen kommen, um es in der Weihnachtszeit zu besuchen. In der Zeit vom 1. bis zum 6. Januar finden in dieser Kirche Kinderpredigten statt, die von sechs- bis zehnjährigen Jungen und Mädchen gehalten werden.

Viele Kinder glauben aber, dass die Dreikönigshexe Befana ihnen die Geschenke bringt. Sie füllt ihnen die Strümpfe genau wie der Santa Claus in England. Es gibt in Italien auch eine alte Legende um die Befana. Die Hirten haben ihr die frohe Botschaft von der Geburt des Christkindes gebracht. Doch sie ist zu spät aufgebrochen und hat den Stern von Bethlehem verfehlt. Seitdem ist sie auf der Suche nach dem Jesuskind und kommt dabei in jedes Haus. Sie bringt den Kindern Geschenke, weil sie hofft, doch irgendwann das Jesuskind zu finden. Ihr werdet sehen, dass es in Russland eine ganz ähnliche Geschichte über die Babuschka gibt.

DER KRAMPUS AUS
ÖSTERREICH ERZÄHLT

Der Krampus ist in Österreich der Begleiter des Niko-
laus – wie der Knecht Ruprecht in Deutschland oder
der Schmutzli in der Schweiz. Er hat Teufelshörner, ein
schwarzes Gesicht, einen Borstenschwanz und trägt ein
zottiges Fell. Oft ist er mit schweren Schellen behängt.
Die rasseln laut, wenn er wild umherspringt.

»Krampus, sei doch so gut und schau, dass uns das Feuer nicht aus-
geht!«, sagt der Nikolaus gerade zu einem der schwarzen Gesellen,
die nebeneinander auf der Ofenbank sitzen. Sie alle sind mit zottigen
Fellen behängt und haben ihre Ruten neben sich liegen. Wenn es
etwas zu lachen gibt, lachen diese schwarzen Kerle sehr viel lauter
als die anderen. Vor Vergnügen schlagen sie sich auf die Schenkel,
dass es nur so klatscht.
Nachdem der Krampus sich um das Feuer im Kamin gekümmert hat,
wendet er sich an Natalie. »Du kannst dir wohl denken, dass ich gerne Schabernack mit den Menschen treibe. Allerdings nur mit denen,
die es verdient haben.« Hier lacht der Krampus dröhnend. Knecht
Ruprecht und der Schmutzli stimmen lauthals mit ein.

»Wenn du die Kinder in Österreich nach der Adventszeit fragst, erzählen sie dir sicher von mir und vom Nikolaus. Der Nikolaus hat zwei Bücher, ein goldenes und ein schwarzes. In dem goldenen liest er nach, was die Kinder das Jahr über alles Gutes getan haben. Ich aber lese am liebsten im schwarzen Buch. Da sehe ich nämlich sofort, wer etwas angestellt hat. Meist sind es harmlose Sachen und da kneife ich schon mal ein Auge zu. Es gibt aber auch solche, die einen kleinen Denkzettel am Krampustag durchaus verdient haben.

Du musst wissen, Natalie, dass es in unserem Land für mich einen eigenen Tag gibt. Es ist der Vorabend des Nikolaustages, also der 5. Dezember. Da verkleiden sich auf den Dörfern die größeren Jungen. Sie hängen sich schmuddelige Felljacken um, malen sich die Gesichter mit Schuhwichse an und lassen selbst geschnitzte Ruten durch die Luft pfeifen. Sie haben ihren Spaß daran, einen Tag lang ganz schrecklich wilde Kerle zu sein.

Es war am Abend eines solchen Tages. Felix hatte aus einer Zigarrenschachtel eine Krippe gebastelt. Für jede gute Tat bis Weihnachten durfte er nun einen Strohhalm in diese Krippe legen. Je mehr Strohhalme er zusammenbrachte, desto weicher konnte das Christkindl liegen. Zwei Halme lagen schon in der Schachtel. Denn heute im Pausenhof hatte Felix von seiner Schokolade aus dem Adventskalender fast die Hälfte für Thomas abgebrochen. Und heute Nachmittag hatte er einer Maus das Leben gerettet. Er hatte heimlich im Keller das Speckstückchen aus einer Mausefalle entfernt. Felix war sich nicht ganz sicher, ob das Zweite zu den wirklich guten Taten zählte. Aber das Christkind konnte den Strohhalm bestimmt gebrauchen.

Da rief ihn seine Mutter. Sie bat Felix zum Leitnerbauern zu gehen und die frisch gemolkene Abendmilch abzuholen. Außerdem solle er bitte noch zehn Eier mitbringen. Denn zum Backen der Klausen-

Ein alter österreichischer Brauch ist es, am 4. Dezember Barbarazweige zu schneiden. Im Burgenland säen die Menschen auch Getreidekörner in einen Teller aus. Die Zweige öffnen bis Weihnachten ihre Blüten und das Getreide beginnt zu sprießen. Mitten in das frische Grün stellt man zu Weihnachten eine Kerze. Dieser »Grünzauber« soll eine gute Ernte im neuen Jahr bewirken.

Die Kinder freuen sich am Abend des 5. Dezember auf den Nikolaus, aber sie fürchten sich auch vor dem Krampus, der »unartige« Kinder bestraft. Auf den Dörfern gibt es auch heute noch den Brauch, dass sich ältere Jungen am »Krampustag« verkleiden und einigen Schabernack treiben.

Früher gab es in Österreich auf dem Lande sehr vielfältige Nikolausbräuche. In einigen Gegenden gab es ganze Nikolaus-Spiele. Da wurde Sankt Niklo nicht nur vom Krampus begleitet, sondern auch von Hirten, Jägern, Einsiedlern, Engeln, Teufeln, Türken und Mohren. Bekannt war in Österreich auch die Gestalt der »Pudelmutter«, eines alten, weiß gekleideten Mütterchens. Die Pudelmutter begleitete manchmal den Nikolaus und beschenkte die Kinder in einigen ländlichen Gebieten Österreichs auch am Morgen des 25. Dezember.

Am frühen Morgen des 13. Dezember (dieser Tag galt in alter Zeit als Sonnenwende) bringt in manchen Gegenden das Lutscherl heimlich Süßigkeiten. Das Lutscherl ist die Lichtkönigin Lucia, wie sie auch in Schweden bekannt ist.

Am Heiligen Abend bringt das Christkindl den Kindern Weihnachtsgeschenke. Christbäume und Krippen mit geschnitzten Holzfiguren schmücken das Weihnachtszimmer und um Mitternacht finden Weihnachtsgottesdienste, die Christmetten, statt. Früher gab es in Niederösterreich zwei schöne Bräuche am Heiligabend, die »Christschau« und das »Hirtensingen«. Bei der »Christschau« brachten ein Messner und zwei Kirchenjungen eine tragbare Weihnachtskrippe mit vielen Figuren von Haus zu Haus. Sie sangen Weihnachtslieder und enthüllten die Krippe dabei. Die »Hirtensinger« waren als Hirten oder Engel verkleidet und kamen in die Stuben der Häuser. Dort führten sie alte Hirtenszenen vor.

männer hatte sie die letzten verbraucht. ›Ich geb dir auch ein paar
Barbarazweige mit, die ich gestern vom Kirschbaum geschnitten habe.
Sie sind für die alte Frau Moser.‹ Felix wusste, dass man die Barbara-
zweige ins warme Zimmer stellen muss. Dann würden sie bis Weih-
nachten blühen. Mitten im Winter. Und das bedeutete ein gutes
Wachstum im neuen Jahr.

Eigentlich hatte Felix keine große Lust zum Leitnerbauern zu gehen.
Doch ihm fiel ein, dass er fürs Milchholen einen neuen Strohhalm in
seine Krippe legen könnte. Und wenn er der Frau Moser die Zweige
brachte, zählte das vielleicht für einen weiteren. Dann hätte er schon
vier beisammen.

Felix war also losgesaust, aber unterwegs bekam er plötzlich einen
Schreck. Heute war doch Krampustag. Er war der Kleinste in der Klasse, ihn ärgerten die Großen immer besonders gern. Wenn sie jetzt
irgendwo auf ihn lauern würden? Doch alles ging glatt.

Zuerst klingelte er bei der alten Frau Moser. Die bedankte sich sehr für
die Zweige und schenkte ihm einen Lebkuchen. ›Dass du aber rechtzeitig wieder daheim bist, Felix! Bald kommt doch der Nikolaus!‹, lachte sie. ›Werd ich schon schaffen. Ich will ihm auch noch ein Bild
malen‹, sagte Felix. Zum Leitnerhof war es nur noch ein kurzes Stück.
Dort füllte die Bäuerin seine Milchkanne und legte ihm die Eier in den
Korb. Felix bezahlte eilig, er wollte schnell nach Hause.

Allein auf der Straße hatte er wieder so ein flaues Gefühl im Bauch.
Es war inzwischen schon recht dunkel geworden. Erst an der nächsten Straßenecke stand eine Laterne. Wenn er es bis dorthin schaffte,
war er schon fast zu Hause. Aber plötzlich versperrten ihm mehrere
dunkle Gestalten den Weg. Ketten rasselten und aus geschwärzten
Gesichtern johlte es wild. Ruten sausten drohend durch die Luft. ›Ach
schau an, der fade Felix! Was macht denn so'n Muttersöhnchen wie
du nachts allein hier draußen?‹ Einer nahm ihm seine Milchkanne

weg und goss ihm die Milch über die Füße. Felix wagte sich vor Angst kaum zu rühren. Zu viert waren sie. Er presste den Eierkorb mit beiden Händen an sich und schrie laut um Hilfe.

Diesen Hilferuf hörte ich, denn der Nikolaus und ich waren gerade zu diesem Dorf unterwegs, um dort die ersten Besuche zu machen. Mit Riesenschritten war ich zur Stelle und wetterte los. ›Himmeldonnerkreuzrutennocheins, ihr freches Lumpenpack! Euch werde ich zeigen, wer hier der echte Krampus ist!‹

Wie angewurzelt standen die Kerle da und starrten mich an. ›Her mit euren Ruten!‹, befahl ich und die vier gehorchten auf der Stelle. Ich nahm das Bündel in die Hände und brach es mitten entzwei, als wären es ein paar Zündhölzer. Dann schaute ich sie streng an.

›Ihr fühlt euch ja sichtlich wohl in eurer Krampushaut. Ich werde also dafür sorgen, dass ihr bis zum Neujahrstag so schwarz bleibt, wie ihr jetzt seid!‹ Dann wandte ich mich an Felix, der alles verdattert mitangeschaut hatte. ›Die werden dich künftig in Ruhe lassen‹, versicherte ich. Inzwischen war auch der Nikolaus gekommen und wir beide begleiteten Felix nach Hause: Dort musste er die ganze Geschichte haarklein erzählen. Dann gab es für die gesamte Familie eine Bescherung aus unserem großen Sack. Ich kramte in meiner Felltasche und fand dort noch einen Zwetschgen-Krampus. ›Hier, als Erinnerung an mich‹, lachte ich und überreichte Felix das Männchen. Dann zogen der Nikolaus und ich weiter zum nächsten Haus.

Das Christkindl bekam an diesem Abend noch zwei neue Strohhalme in seine Krippe. Bis Weihnachten würde es bestimmt schön weich liegen! Die großen Kerle aber waren mit gesenkten Köpfen nach Hause getrottet. Ihre Schuhwichse kriegten sie tatsächlich bis zum Neujahrstag nicht ab, egal wie sehr sie schrubbten.«

DAS JEZISEK AUS TSCHECHIEN ERZÄHLT

Jezisek oder Jezulein heißt das Christkind in Tschechien. Es ist eine weiß gekleidete Engelsgestalt, an die die Kinder ihre Wunschzettel richten. Das Jezisek (sprich: Jeschischek) kommt am Heiligabend und legt seine Geschenke unter den Tannenbaum.

Neben dem zottigen schwarzen Krampus sitzt ein Wesen ganz anderer Art. Es ist eine helle, lichte Gestalt mit einem Gesicht wie feinstes Porzellan. »Genauso muss ein Engel ausschauen«, denkt Natalie. Da bemerkt das Lichtwesen lächelnd Natalies Blick und beginnt mit einer Silberglöckchenstimme zu erzählen.

»Ich bin Jezisek, das Christkind aus Tschechien. Die Hauptstadt meines Landes heißt Prag. Und dort hat sich auch die Geschichte zugetragen, die ich dir erzählen möchte, Natalie. In der Woche vor Weihnachten gibt es in Prag immer ein geschäftiges Treiben auf den Märkten und in den Straßen. Die Händler stellen große Fässer mit lebendigen Karpfen darin auf, denn bei uns kauft fast jeder einen Weihnachtskarpfen. Am Heiligabend gibt es gebackenen Karpfen als Festspeise, das ist nun einmal so Brauch.

In der Familie von Jana und Milena ging jedes Jahr die Großmutter auf den Markt, um einen fetten Karpfen zu kaufen. Dieses Jahr aber hatte die Großmutter eine Überraschung für Jana und Milena, die Zwillinge waren. Sie sagte: ›Ihr seid nun groß genug, um alleine auf den Markt zu gehen. Diesmal dürft ihr den Weihnachtskarpfen kaufen. Aber passt auf, dass an ihm auch etwas dran ist. Bringt mir bloß keinen kleinen Mickerling!‹

›Du sollst den dicksten Fisch bekommen, den es auf dem Markt gibt!‹, versicherte Jana, und Milena steckte das Geld ein, das die Großmutter ihnen gab. Sie waren mächtig stolz, weil sie nun alt genug waren, um alleine den Weihnachtskarpfen zu besorgen.

Auf dem Markt liefen sie gleich zum Stand eines Fischhändlers und stellten sich in die Warteschlange. Als sie an der Reihe waren, schauten sie in den großen Holzbottich, in dem etliche Karpfen schwammen. ›Den allergrößten bitte‹, sagte Milena zum Fischhändler. Der tauchte sein Netz in das Fass. ›Wäre dieser recht?‹, fragte er. Jana und Milena tauschten schnell einen Blick und schüttelten den Kopf. ›Etwas dicker sollte er schon sein, sonst ist Großmutter nicht zufrieden.‹ Da hatte Milena einen Fisch entdeckt, so groß und dick, dass sie begeistert ausrief: ›Der da! Bitte geben Sie uns den.‹

›Wollt ihr den Karpfen lebendig mitnehmen oder soll ich ihn ...?‹

›Nein, nein‹, riefen Jana und Milena gleichzeitig, ›wir haben einen Eimer dabei. Wenn Sie uns etwas Wasser einfüllen, können wir den Fisch so mitnehmen.‹ Milena zahlte dem Fischhändler das Geld und er überreichte ihnen den Eimer mit dem Karpfen darin. So machten sie sich auf den Heimweg. Sie waren noch nicht weit gekommen, als Jana über einen Stein stolperte. Dabei schwappte so viel Wasser aus dem Eimer, dass dem Fisch nur noch eine kleine Pfütze blieb. ›Lass uns schnell zur Moldaubrücke gehen‹, schlug Milena vor, ›dort können wir den Eimer wieder füllen.‹

In Tschechien gibt es keinen Adventskranz oder Adventskalender. Aber am 6. Dezember kommt der Nikolaus, der dort Mikulas heißt, zusammen mit einem Engel und dem Tschert, einem kleinen Teufel. Sie gehen von Familie zu Familie und die artigen Kinder erhalten einen Strumpf mit Süßigkeiten. Den »unartigen« Kindern drohen die Erwachsenen damit, dass der Mikulas ihnen stattdessen einen Kohlkopf bringt.

Eine Woche vor Weihnachten stellen die Händler auf den Märkten ihre großen Fässer mit den Weihnachtskarpfen auf. Fast jede Familie kauft einen Karpfen, der zu Hause erst einmal in die Badewanne kommt. Die Kinder geben den Fischen oft Namen und wollen mit ihnen spielen. Manche Eltern bringen es schließlich nicht übers Herz, den Karpfen am Morgen des 24. Dezember zu schlachten, und so landen einige der Fische nicht im Kochtopf, sondern in der Moldau.

Ihre Wunschzettel schreiben die tschechischen Kinder an das Jezisek oder Jezulein, wie das Christkind dort genannt wird. An Heiligabend werden morgens die Weihnachtszimmer für die Kinder verschlossen. In den Stuben steht ein geschmückter Tannenbaum, an dem ganz besonders viele Süßigkeiten hängen. Am Tannenbaum werden nicht nur gewöhnliche Kerzen, sondern auch Wunderkerzen angezündet.

Tagsüber soll, genau wie in Polen, am Heiligabend gefastet werden. Den Kindern wird erzählt, dass sie nur dann am Abend ein goldenes Schweinchen an der Wand sehen können. So werden die Kinder dazu ermutigt, den Fastentag einzuhalten.

Abends gibt es ein Festessen, bei dem die Zahl der Teilnehmer nicht ungerade sein darf, sonst muss man jemanden dazubitten. Es beginnt mit einer Fischsuppe als Vorspeise, danach wird gebratener Karpfen mit Kartoffelsalat gereicht. Es gibt auch ganz ungewöhnliche Rezepte, eines davon heißt »Karpfen schwarz«, dabei wird der Fisch mit Lebkuchen und Dörrpflaumen zubereitet. Nach dem Essen können die Kinder nachsehen, ob Jezisek ihnen ihre Wünsche erfüllt hat, denn dann dürfen sie ihre Geschenke auspacken. Und das ist für die tschechischen Mädchen und Jungen natürlich der Höhepunkt des Abends.

Sie rannten los und stiegen bei der Moldaubrücke vorsichtig die Ufer-
böschung zum Wasser hinunter. Als sie in den Eimer schauten, streck-
te der Karpfen ihnen sein Maul entgegen. Langsam klappte er es auf
und zu. ›Komisch‹, sagte Milena, ›gerade habe ich mir eingebildet,
der Fisch hätte etwas zu uns gesagt.‹

›Ich hab auch was gehört‹, meinte Jana. Aber Milena schüttelte ent-
schieden den Kopf: ›Das ist Blödsinn, Fische können nicht sprechen.
Höchstens im Märchen.‹ Sie schauten noch einmal in den Eimer und
wieder klappte der Fisch das Maul auf und zu. Beide Mädchen mein-
ten leise zu hören: ›Schenkt mir das Leben! Werft mich in den Fluss.‹
Die Schwestern blickten sich ungläubig an. ›Er hat wirklich gesprochen. Das ist kein gewöhnlicher Fisch.‹

›Ob wir ihn doch lieber ins Wasser werfen sollen?‹

›Aber Großmutter, was wird sie sagen, wenn wir ohne Karpfen kommen?‹ Sie überlegten hin und her. Schließlich meinte Jana: ›Wenn es
ein sprechender Fisch ist, dann müssen wir auf ihn hören. Komm, ich
werf ihn zurück in den Fluss.‹ Und ehe Milena noch etwas antwor-
ten konnte, bückte sich Jana zum Ufer und ließ den Karpfen in das
grüne Moldauwasser gleiten. Die Mädchen sahen, wie der Kopf des
Fisches kurz auftauchte und das Maul sich öffnete. ›Er hat sich
bedankt‹, sagte Milena und Jana nickte. Dann liefen sie nach Hause.
Dort angekommen, standen die beiden etwas beklommen der Großmutter gegenüber. Aber dann erzählten sie ihr alles so, wie es sich
zugetragen hatte. ›Wir hätten doch unmöglich einen sprechenden
Karpfen aufessen können oder?‹ Die Großmutter schwieg. Dann
lächelte sie und sagte: ›Ihr habt Recht, sprechende Fische gehören in
den Fluss und nicht auf den Teller. Jetzt muss ich mir bloß etwas ein-
fallen lassen. Irgendein Festessen muss es morgen doch geben.‹

An diesem Nachmittag durften Jana und Milena ihrer Mutter helfen,
den Christbaum zu schmücken. Sie hängten Äpfel, Nüsse, Strohster-

ne, kleine Holzfigürchen und ganz viel süßes Naschwerk daran. Als zum Schluss die Kerzen und Wunderkerzen hingen, betrachteten Jana und Milena zufrieden ihr Werk.

Am anderen Morgen wurde das Wohnzimmer verschlossen. In der Küche ging es hoch her, aber die Großmutter ließ niemanden hinein. ›Ich will euch alle überraschen‹, mehr sagte sie nicht zu den Eltern, die sich kopfschüttelnd anschauten. Jana und Milena dachten im Stillen an ihren Karpfen, der heute im Kochtopf gelandet wäre und nun stattdessen lustig in der Moldau schwamm. Sie dachten auch an Jezisek, das Christkind, das heute zu ihnen kommen würde. Und daran, dass sie diesmal unbedingt das goldene Schweinchen an der Wand sehen wollten. Nur wer den ganzen Tag lang gefastet hat, kann am Heiligabend das goldene Schweinchen sehen, erzählte Großmutter immer. Das Fasten ging leichter, weil sich Jana und Milena schon auf das wunderbare Essen am Abend freuten.

Endlich wurde es dunkel und die ganze Familie saß um die festlich gedeckte Tafel. Als ersten Gang gab es statt der üblichen Fischsuppe eine feine Gemüseboullion. Die Eltern wunderten sich. Dann trug die Großmutter die Fischplatte herein, die mit einer silbernen Haube zugedeckt war. Jana und Milena sahen sich an. Als die Großmutter sich gesetzt hatte, hob der Vater die Haube von der Platte. Was machten nun alle für Augen, als sie den Karpfen erblickten! Er war beachtlich groß und aus Teig gebacken. ›Ich habe ihn mit lauter guten Sachen gefüllt, nach einem ganz neuen Rezept.‹ Die Großmutter lachte, als sie in die verwunderten Gesichter blickte. ›Ich glaube, ich bin euch eine Erklärung schuldig. Das heißt, Jana und Milena können es bestimmt viel besser erklären...‹

Das war der Beginn einer ganz neuen Weihnachtstradition in der Familie der Zwillinge. Den Karpfen in der Moldau hat sie besonders gut gefallen!«, schmunzelt das Jezisek.

PÈRE NOËL AUS
FRANKREICH ERZÄHLT

Père Noël, der französische Weihnachtsmann, wird von den Kindern auch liebevoll »Papa Noël« genannt. Er macht in der Weihnachtsnacht seine Runde und bringt die Geschenke durch den Kamin. Um dabei aber nicht gesehen zu werden, geht er an den Häusern vorbei, in denen die Kinder noch wach sind.

Einer der Weihnachtsmänner beugt sich zur Befana vor und sagt: »Bei uns in Frankreich gibt es auch so herrliche Krippen wie in deinem Land. Und mir geht es oft wie dir, dass ich staunend vor solchen Wunderwerken stehe. Die allerschönsten Krippen findet man bei uns in der Provence, einem Landstrich im Süden. In den Kirchen gibt es richtige Krippenlandschaften, die aussehen wie kleine Abbilder der Dörfer ringsum. Die Figuren heißen *santons* und sind aus Ton geformt. Sie sind bunt bemalt und so schön, dass man sogar in anderen Ländern von ihnen schwärmt.

Es gibt aber etwas, das ich noch schöner finde als die Krippenlandschaften. Das sind die Krippenspiele, die in vielen Kirchen aufgeführt werden. Fast alle Mädchen und Jungen träumen davon, einmal mit-

spielen zu dürfen. Und so ging es auch Françoise, von der ich euch erzählen will. Ihre Geschichte habe ich von Binou erfahren, dem Ochsen des Bauern Hulot.

Binou hat diese Geschichte aber gar nicht mir erzählt, sondern dem Pferdchen Chérie. Einmal habe ich die beiden zufällig in der Weihnachtsnacht auf dem Hof des Bauern Hulot belauscht. Ich war schon lange unterwegs und wollte vor dem Stall ein wenig verschnaufen, als ich hörte, wie die Turmuhr zwölf schlug. Und dann hörte ich noch etwas – es waren Stimmen aus dem Stall. Ich wunderte mich nicht, denn ich wusste ja, dass die Tiere an Heiligabend um Mitternacht eine Stunde lang reden können. Und so erfuhr ich, was der Ochse Binou Aufregendes erlebt hatte.

Alles hatte damit angefangen, dass der neue Pfarrer sich etwas Besonderes ausgedacht hatte. Bislang wurden bei den Aufführungen des Krippenspiels immer Tierfiguren aus Pappmaschee verwendet: ein Esel, ein Ochse, drei Schafe und ein Lamm. Diesmal aber sollte der Bauer Hulot seine lebendigen Tiere mitbringen. Die Kinder waren von der Idee begeistert. Françoise, die die Maria spielen durfte, freute sich besonders. Denn diesmal sollte in der Krippe statt einer Puppe auch ein richtiges kleines Menschenkind liegen.

Am Heiligabend war Françoise schrecklich aufgeregt. Ihre geputzten Stiefel hatte sie zwar unter den Tannenbaum gestellt, der noch nicht geschmückt war. Aber wahrscheinlich hätte sie das Glas Rotwein und die Mandarine für mich vergessen, wenn ihr Bruder Claude sie nicht daran erinnert hätte. Manche Kinder stellen mir sogar einen Teller Suppe zur Stärkung hin. In Frankreich lieben die Menschen ein gutes Essen und ein Gläschen Wein dazu. So denken sie zu meinem Glück eben auch an das leibliche Wohl ihres Père Nöel. Aber diesmal konnte Françoise an nichts anderes denken als an das Krippenspiel, bei dem sie gleich die Maria sein würde.

Und dann war es so weit. Die Kirche war bis auf den letzten Platz gefüllt. Im Altarraum waren Herberge und Stall aus Pappe für das Krippenspiel aufgebaut. Als dann der Bauer Hulot seinen Esel und den Ochsen Binou auf die Bühne führte, da stupsten sich die Leute gegenseitig an und tuschelten. So etwas hatte es noch nie gegeben! Hulot redete ganz ruhig mit den Tieren und wirklich, sie legten sich brav nieder. Vorsichtshalber wurden sie mit einem Strick am Altar angebunden.

Nun kamen Maria und Josef auf die Bühne. Maria, mit ihrem dicken Kissen unter dem Rock, schleppte sich mit Mühe in den Stall und musste dabei von Josef gestützt werden. Im Stall knieten sie nieder und dann gingen die Lichter aus, denn es wurde Nacht. Als es wieder hell wurde, lag in der Krippe ein richtiges Kind, das mit den Beinchen strampelte.

Jetzt machten sich die Hirten mit ihren Schafen auf den Weg. Die Tiere verstanden aber wohl nicht, dass sie zum Stall gehen sollten. Sie blieben immer wieder stehen. Schließlich musste Monsieur Hulot ein wenig nachhelfen und sie anschubsen. Da knieten die Hirten vor der Krippe nieder. Die Schafe hingegen blickten verständnislos auf all die Zuschauer und begannen zu blöken.

Gerade wollten sich auch die Heiligen Drei Könige dem Stall nähern, da passierte etwas Komisches. Das kleine Lamm, das bisher brav seiner Mutter gefolgt war, erschrak vor den weiten Gewändern der Heiligen Könige. Es blökte ängstlich und nahm dann in kleinen Bocksprüngen Reißaus. Einer der Hirten wollte ihm nach und es zurückholen, aber da war es schon in den Kirchenraum gesprungen. Dort versuchten nun einige Buben, es wieder einzufangen. Aber je mehr sie das Lämmchen jagten, desto schneller rannte es im Zickzack hin und her. Es war kaum zu greifen.

Die Heiligen Drei Könige waren wegen des Tumults mit dem Lämm-

chen stehen geblieben. Jetzt aber spielten sie weiter und schritten würdevoll zur Krippe. Doch als der König Balthasar sich herunterbeugte, um dem Kind die Myrrhe zu schenken, erschrak das Baby und begann jämmerlich zu schreien. Maria versuchte es durch Streicheln zu beruhigen, aber es schrie nur immer lauter.

Stellt euch das mal vor! Unten im Kirchenschiff versuchten die Jungen noch immer, das Lamm zu fangen. Oben auf der Bühne blökte seine Mutter, die ihr Kind suchte. Und das Jesulein in der Krippe schrie aus voller Kehle. Da tat Françoise etwas, das eigentlich nicht zum Stück gehörte. Sie hob das Baby aus der Krippe, wiegte es auf ihrem Arm und sang ihm das Lied, das ihre Mama ihr immer vorgesungen hatte. Und wirklich, das Baby beruhigte sich und lag friedlich in ihrem Arm. ›Schau‹, sagte Maria nun zu ihrem Kind, ›die Heiligen Drei Könige sind gekommen und bringen dir Geschenke.‹ Da fiel den edlen Herren ein, dass sie ja endlich ihre Gaben überreichen sollten. Inzwischen war auch das kleine Lamm eingefangen worden. Ein älterer Junge trug es stolz auf die Bühne. Es verkroch sich hinter seiner Schafmama, die ihm das Fell leckte.

Das Spiel war gerettet. Zum Schluss kam der Engelschor mit seinem Halleluja. Und dann klatschten die Leute wie verrückt. Die Spieler verneigten sich vor ihrem Publikum. Und alle waren sich einig, dass es die wunderbarste Aufführung war, die jemals in ihrer Kirche stattgefunden hatte. Einen ganz besonderen Applaus aber bekam Françoise, denn letztlich war es ihrem Lied zu verdanken, dass das Krippenspiel ein glückliches Ende genommen hatte.

In Frankreich gibt es keine Adventszeit so wie bei uns. Früher brachte am 6. Dezember der Nikolaus, der in Frankreich »Saint Nicolas« heißt, zusammen mit dem Ruten schwingenden »Père Fouettard« den Kindern ihre Geschenke.

Besonders im Süden Frankreichs werden wunderschöne Krippen hergestellt und die tönernen Figuren, die »santons« aus der Provence, sind sehr bekannt. In der Provence liegt auch »Les Baux«, ein von den Bewohnern verlassenes Dorf auf einem Hügel, umgeben von hohen, zerklüfteten Felsen. Die Bauern aus der Umgebung feiern dort die Weihnachtsnacht und ziehen mit Laternen abends zur Kirche hinauf. Dort wird ein besonders schönes Krippenspiel aufgeführt.

Weihnachten ist in Frankreich ein ruhiges Familienfest. Es beginnt am Abend des 24. Dezember damit, dass die Kinder ein Glas Rotwein und einen Teller Suppe für den Père Noël an den Kamin stellen. Ein kleiner Wunschzettel wird ebenfalls dazugelegt. Der Tannenbaum ist zwar schon aufgestellt, aber noch nicht geschmückt. Unter den Tannenbaum stellen die Kinder ihre sauber geputzten Schuhe, damit Papa Noël ihnen etwas hineintun kann. Dann geht es schnell ins Bett, denn die Kinder wissen, dass Père Noël nicht zu ihrem Haus kommt, wenn sie noch wach sind.

Viele Erwachsene gehen in die Mitternachtsmesse. Es heißt, dass Haus- und Hoftiere in dieser Zeit, wenn die Menschen nicht anwesend sind, eine Stunde lang in menschlicher Sprache reden können.

Am nächsten Morgen ist der Tannenbaum geschmückt und die Kinder dürfen ihre Geschenke auspacken. An diesem Tag gibt es ein besonders gutes Essen, meist eine mit Maronen gebackene Truthenne und als Nachtisch die »bûche de Noël«, eine Biskuitrolle mit Schokoladenfüllung, die mit Glasur überzogen und mit Baiserpilzen und kleinen Zwergen dekoriert ist. Sie sieht aus wie ein Baumstamm und soll an den Weihnachtsklotz erinnern, den es in Frankreich gab, bevor die Tannenbäume üblich wurden. Früher wurde die »bûche de Noël« im offenen Kaminfeuer gebacken.

DAS CHRISTKIND
AUS DEUTSCHLAND ERZÄHLT

Das Christkind ist ein zartes, engelsgleiches Wesen mit langem lockigen Haar und einem weißen Gewand. Die Kinder schicken ihm ihre Wunschzettel. Kurz vor der Bescherung am Heiligen Abend bimmelt das Christkind mit einem feinen Glöckchen, damit die Kinder wissen, dass es da ist. Sehen dürfen sie es aber nicht.

Obwohl es die Kinder sonst nie zu sehen bekommen, hat Natalie das Christkind gleich erkannt. Es trägt federleichte Flügel, sein Kleid ist zart wie ein Lufthauch und erinnert auf wunderbare Weise an einen Sternenhimmel. Es ist noch schöner, als Natalie es sich vorgestellt hat. Leise bimmelt sein Glöckchen, als das Christkind zu erzählen beginnt: »Bei uns schreiben die Kinder ihre Wunschzettel an mich. Viele fleißige Engel helfen mir in der Adventszeit, diese Briefe einzusammeln. Deshalb finden die Kinder manchmal am Morgen einen kleinen Streifen Engelshaar auf dem Fensterbrett, wenn sie ein Türchen ihres Adventskalenders öffnen.

Die Vorfreude auf Weihnachten wird jeden Tag größer und viele Kinder helfen gerne mit beim Plätzchenbacken. In den Küchen duftet es nach Lebkuchen, Spekulatius und Zimtsternen. Und abends, wenn die Kerzen am Adventskranz angezündet werden, lesen Mutter oder Vater eine Geschichte vor. Jeden Sonntag in der Adventszeit freuen sich die Kinder darauf, dass auf dem Tannenkranz ein weiteres Kerzenlicht angezündet wird. ›Erst eins, dann zwei, dann drei, dann vier, dann steht das Christkind vor der Tür.‹ So heißt es in einem Adventsgedicht, das bei uns wohl alle Kinder kennen.

Nachts träumen die Kinder vom Heiligen Abend und den Kerzen am Weihnachtsbaum. So ging es auch Niklas. Er hatte sich einen Christbaum gewünscht, der bis zur Decke seines Wohnzimmers reichen sollte. Einmal hatte er einen so großen Baum in einem Gasthaus gesehen und genau so einen stellte er sich für zu Hause vor. Christbäume werden bei uns auf Weihnachtsmärkten verkauft. Ich mische mich immer gerne unter die Menschen, die sich um die kleinen Buden und Glühweinstände drängen, um ihre Vorfreude mitzuerleben.

›Siehst du, Niklas, so eine Fichte könnten wir doch nehmen‹, sagte seine Mutter gerade zu ihm, als ich ihn entdeckte. ›Sie ist sogar ein bisschen größer als du. Wenn wir sie auf unser rundes Tischchen stellen, dann sieht sie bestimmt schön aus.‹ Niklas nickte enttäuscht. Er wusste, dass sie sehr sparen mussten, seit Vater seine Arbeit verloren hatte. Und er schaute sehnsüchtig zu einer Nordmanntanne, die ganz besonders groß und stattlich war. Der Verkäufer bemerkte den Blick des Jungen und pries der Mutter den Baum an: ›Neunzig Mark für dieses Prachtstück! Einmaliger Sonderpreis!‹

Die Mutter deutete auf die kleine Fichte und reichte dem Händler einen Zwanzig-Mark-Schein. ›Tut mir Leid, mehr kann ich nicht ausgeben‹, sagte sie. Der Händler steckte das Geld ein und wollte den Baum in ein Netz packen. Bis zu diesem Moment hatte ich mich still verhalten und zugeschaut. Jetzt aber flog ich ganz dicht an den Mann

Adventskalender und Adventskranz begleiten die Kinder durch die Zeit vor Weihnachten. Es gibt ganz unterschiedliche Arten von Adventskalendern. Manche werden ans Fenster gehängt und zeigen jeden Morgen ein neues Bildchen, andere bestehen aus 24 Päckchen mit Naschereien und kleinen Spielsachen oder Gutscheinen. Bei noch anderen wird jeden Morgen eine kurze Geschichte vorgelesen oder etwas gebastelt, zum Beispiel Figuren für eine Krippe, die dann Weihnachten vollständig ist.

Am Vorabend des 6. Dezember stellen die Kinder Stiefel oder Teller vor die Tür, damit der Nikolaus sie ihnen füllen kann. Es gibt Nüsse, Mandarinen, Süßigkeiten und vielleicht ein kleines Spielzeug. Der Nikolaus war ursprünglich so gekleidet wie ein Bischof und liest aus seinen Büchern die guten und auch die nicht so guten Taten der Kinder vor. Sein Helfer ist der schwarze Knecht Ruprecht, der mit seiner Rute unartigen Kindern droht. Heutzutage tut er dies nur noch zum Spaß.

Der Mittelpunkt des Weihnachtsfestes ist in Deutschland der Tannenbaum, der liebevoll geschmückt wird mit bunten Glaskugeln, kleinen Holzspielzeugen, Lamettafäden, Süßigkeiten, Gebäck und vielen Kerzenlichtern. Der Brauch, zu Weihnachten einen Tannenbaum im Zimmer aufzustellen, ist in Deutschland entstanden und hat sich von dort über viele andere Länder verbreitet. Im Süden Deutschlands steht unter dem Weihnachtsbaum häufig eine Krippe, deren Figuren die sogenannten Herrgottsschnitzer aus Lindenholz schnitzen.

Unter dem Tannenbaum liegen auch die Geschenke, die nach altem Glauben das Christkind oder in Nord- und Mitteldeutschland der Weihnachtsmann bringt. Viele Menschen denken, das Christkind sei das Jesuskind. Es ist aber nicht der kleine Jesus, sondern eine Engelsgestalt, die in früheren Zeiten bei weihnachtlichen Umzügen die Schar der Engel anführte und »Christkind« genannt wurde. Im Norden Deutschlands nannte man das Christkind wegen seines Glöckchens auch »Klingeest« (Klingelgeist).

Weihnachten ist ein Fest der Familie und am 25. und 26. Dezember laden sich die Verwandten traditionell gegenseitig zum Festessen ein. Für die Kinder ist dies eine Gelegenheit, ihre Kusins und Kusinen, Tanten, Onkel und Großeltern, die oft sehr verstreut wohnen, einmal wieder zu sehen.

heran und läutete mein silbernes Glöckchen. Er stutzte einen Augenblick und schien zu lauschen. Da läutete ich noch einmal.

Vor Staunen blieb Niklas der Mund offen stehen, als er nun sah, wie der Händler die prächtige Nordmanntanne ergriff, ihm zuzwinkerte und sagte: ›Die wirst du wohl kaum zu Fuß nach Hause tragen können, Junge. Ich mache bald Feierabend, da kann ich sie dir mit dem Wagen bis vors Haus fahren.‹

Die Mutter war sprachlos. Der Verkäufer merkte das und lachte: ›Es ist nicht das beste Geschäft meines Lebens, aber heute ist schließlich Weihnachten. Da werde ich einem kleinen Jungen doch wohl eine Freude machen dürfen oder?‹ Die Mutter sah die strahlenden Augen ihres Kindes und lachte zurück.

Siehst du, Natalie, dazu ist mein Glöckchen da. Wenn ich einem Kind einen Herzenswunsch erfüllen möchte, brauche ich manchmal die Mithilfe der großen Leute. Ich bimmele einfach mit meinem Glöckchen und dann helfen sie mir. Aber die Geschichte mit Niklas ist noch nicht zu Ende. Am nächsten Tag nämlich durfte er gemeinsam mit seinem Vater die Nordmanntanne schmücken. Sie reichte wirklich bis zur Decke! Und Niklas hüpfte hin und her und hängte bunte Glaskugeln, kleine Holzfigürchen, Strohsterne und silbernes Lametta in die Zweige. Der Vater steckte viele rote Kerzen dazwischen. Dann aber wurde Niklas ins Kinderzimmer geschickt und musste warten. Die Zeit kroch nur so dahin und Niklas wurde immer aufgeregter. Die Mutter hatte seine gute Hose und ein weißes Hemd für ihn herausgelegt und das zog er jetzt an. Inzwischen war es draußen bereits dunkel geworden.

Nach einer ganzen Ewigkeit hörte Niklas ein Glöckchen bimmeln und flitzte zum Wohnzimmer. Und da sah er den Baum. Es war der gleiche, den er erst vor wenigen Stunden selbst geschmückt hatte, aber jetzt war er wie verzaubert. Im Dunkel des Zimmers flackerten die vielen, vielen Kerzen und spiegelten sich in den gläsernen Kugeln. Und unter dem Baum lagen bunte Päckchen. Hoffentlich hatte das Christkind seinen Wunschzettel bekommen, auf den er, weil er doch noch nicht schreiben konnte, ein Paar Schlittschuhe gemalt hatte!

Aber erst einmal wollte Niklas seine Eltern mit dem Weihnachtsgedicht überraschen, das er im Kindergarten gelernt hatte. Von seinem Vater wusste er nämlich, dass früher alle Kinder am Heiligen Abend kleine Gedichte vortrugen. Niklas hatte die Verse heimlich geübt, aber vor Aufregung verhedderte er sich dann doch ein wenig. Das störte seine Eltern überhaupt nicht. Sie freuten sich und seine Mutter drückte ihn ganz fest. Danach sangen sie gemeinsam ›O Tannenbaum, o Tannenbaum‹.

Und endlich, endlich war der Moment da, wo er seine Geschenke auspacken durfte. Gespannt öffnete er das größte Päckchen und strahlte über beide Ohren – die Schlittschuhe! In dem anderen lag ein selbst gestrickter Kuschelpullover mit einer dazu passenden frechen Zipfelmütze. Alles in seiner Lieblingsfarbe Blau. Niklas ahnte jetzt, warum seine Mutter in letzter Zeit manchmal gemessen hatte, wie lang seine Arme waren. Die warmen Wollsachen konnte er beim Eislaufen sicher gut gebrauchen.

Und dann lag da noch ein dünner Umschlag mit Sternchen drauf. Niklas hätte ihn fast übersehen. ›Vielleicht ein Brief von Tante Nele‹, dachte er. Aber das war falsch geraten. Neben einem Engelslöckchen kam nämlich eine Eintrittskarte für das Eislaufstadion zum Vorschein. Niklas war total begeistert. Doch jetzt musste er die neuen Schlittschuhe erst mal ausprobieren und stakste damit über den Teppich. Nur noch dreimal schlafen, dann würden sie zusammen zum Eislaufen gehen, versprachen seine Eltern. In dieser Nacht schlief Niklas glücklich ein und träumte von den Pirouetten, die er auf dem Eis drehen wollte.«

DIE BABUSCHKA
AUS RUSSLAND ERZÄHLT

Babuschka werden in Russland die Großmütter genannt. Diese besondere Babuschka ist ein sehr altes Mütterchen, das den Kindern vor langer Zeit zu Weihnachten die Geschenke brachte. Die Geschichte der Babuschka kannte damals jedes Kind, heute aber ist sie in Vergessenheit geraten.

»Babuschka, magst du uns nicht eine Geschichte aus deinem Land erzählen?«, fragt die Sternenmutter das rundliche alte Mütterchen, das neben der Befana sitzt. Da bekommt die Babuschka einen ganz wehmütigen Blick und sagt: »Ihr wisst doch, dass in meinem Land nichts mehr so ist, wie es früher war. Früher, als noch die Weihnachtssinger auf ihren Schlitten umherzogen – damals hatte ich noch viel zu tun, denn alle Kinder warteten in der Weihnachtsnacht auf mein Kommen. Aber heutzutage...« Sie seufzt tief.

»Wer kennt heute noch meinen Namen? Vor einigen Jahren hatte ich ein Erlebnis mit einem Mädchen, das Olga hieß. Sie mochte wohl acht Jahre alt gewesen sein. Ich stand gerade an einem zugefrorenen kleinen Weiher, auf dem einige Kinder Schlittschuh liefen. Während ich den Kindern zusah, hockte sich Olga plötzlich neben mich, um ihre Schlittschuhe fester zu schnüren. Da wusste ich natürlich noch nicht, wie sie hieß. Das erzählte sie mir erst später. Und außerdem erzählte sie mir, dass sie sich schon sehr auf das Jolka-Fest freue. Jolka-Fest? Davon hatte ich noch nie gehört. Olga wunderte sich, dass es jemanden gab, der das Jolka-Fest nicht kannte. ›Hast du denn noch nie von Ded Moroz, unserem Väterchen Frost, gehört?‹ Ich schüttelte den Kopf. Da erzählte sie mir, wie das Jolka-Fest bei ihnen gefeiert wird.

›Am letzten Tag des alten Jahres schmücken wir einen großen Tannenbaum. Zum Abendessen laden wir immer die Familie meiner Freundin Irina ein. Oder Irinas Familie lädt uns ein. Nach dem Essen singen wir das Jolka-Lied, fassen uns alle an den Händen und tanzen lustig im Kreis um den Tannenbaum herum. Irgendwann am Abend klopft es und Väterchen Frost steht vor der Tür. Er trägt einen roten Kapuzenmantel und hat seinen Sack über die Schulter geworfen. Weißt du, wer immer mit ihm kommt? Das ist seine Enkelin Snegurochka, das Schneemädchen. Sie hat einen weißen Mantel an und eine weiße Mütze auf dem Kopf. Manchmal trägt sie auch eine kleine Krone. Snegurochka hilft dem Väterchen Frost dann beim Austeilen der Geschenke. Manchmal klopfen die beiden aber auch so spät an, dass wir Kinder schon im Bett liegen. Dann finden wir unsere Päckchen am nächsten Morgen unter dem Tannenbaum. Oder es gibt eine Schatzsuche. Auf jeden Fall geht es immer lustig zu, wenn wir das Jolka-Fest feiern.‹

Als ich das alles hörte, wurde ich ein wenig traurig. Ich fragte Olga, ob sie schon einmal von der Babuschka gehört hätte. ›Meinst du etwa meine Großmutter?‹, lachte Olga. ›Nein, ich meine die alte Babuschka, die vor langer, langer Zeit in der Weihnachtsnacht die Kinder beschenkte. Soll ich dir von ihr erzählen?‹ Olga nickte eifrig. Und so

Die Kirche in Russland heißt »orthodoxe Kirche« und begeht Weihnachten nicht am 24. Dezember, sondern am 6. Januar. Am 7. Januar beginnt nach ihrem Kalender das neue Jahr. Der Legende nach war es früher die Babuschka, die den Kindern Geschenke brachte. Die Geschichte der Babuschka ist ganz ähnlich wie die der italienischen Befana. Heute ist diese Tradition jedoch in Vergessenheit geraten. Ebenso vergessen sind alte Bräuche wie der des Weihnachtssingens. Dabei zogen die Kinder auf Schlitten umher, angeführt von der Kolyada, einem weiß gekleideten Mädchen.

Zu der Zeit, als deine Großeltern noch Kinder waren, bekam Russland eine neue Regierung. Diese wollte von Kirche und Religion nichts wissen. So wurde es verboten, religiöse Feste wie Weihnachten zu feiern. Weil die Menschen aber nun mal gerne feiern, brauchte man einen Ersatz für das verbotene Weihnachtsfest. So kam das Jolka-Fest auf, das vor den Ferien im Dezember in den Kinderhorten und Schulen ganz groß gefeiert wird. Ded Moroz (sprich: Ded Morosch), so heißt Väterchen Frost auf russisch, kommt mit seiner Enkelin Snegurochka (sprich: Snegurotschka) und beschenkt dort die Kinder. Dafür müssen diese kleine Aufgaben erfüllen, zum Beispiel ein Lied singen, etwas vortanzen oder ein Gedicht aufsagen. In den Familien wird am 31. Dezember gefeiert.

Es gab aber immer auch Familien, die heimlich ihr altes Weihnachtsfest am 6. Januar feierten. Da Russland ein sehr großes Land ist, gibt es natürlich auch unterschiedliche Bräuche in den verschiedenen Gebieten. In der Ukraine zum Beispiel haben die Menschen noch viele ihrer alten Traditionen bewahrt: In den Häusern brennen in der Ikonenecke Lämpchen und es wird eine Krippe aufgestellt. Ein Tannenbaum wird mit Äpfeln, Nüssen und Süßigkeiten geschmückt und bleibt bis zum 23. Januar stehen. Am Heiligabend wird den ganzen Tag lang gefastet. Die Mutter bereitet an diesem Tag zwölf verschiedene Speisen zu, die kein Fleisch enthalten dürfen. Niemals darf Kutja dabei fehlen, das sind gequollene Weizenkörner mit Honig, Mohn und Walnüssen. Der Tisch wird mit einem weißen Tuch gedeckt. Dann legt der Vater auf jede Ecke eine Knoblauchzehe, damit alle gesund bleiben. Unter dem Tisch wird Heu ausgebreitet, damit das Vieh sich gut vermehrt.

erzählte ich ihr die uralte Geschichte von der Babuschka. Aber ich verriet ihr nicht, dass es meine eigene Geschichte ist.

Damals, vor vielen hundert Jahren, war ich schon eine alte Frau und lebte allein in einer kleinen Hütte, irgendwo ganz weit draußen. Es war an einem eisig kalten Wintertag. Ich war gerade dabei, alle Winkel meiner Hütte zu schrubben, als es an meine Türe klopfte. ›Wer das wohl sein mag?‹, wunderte ich mich, denn in diese Einöde verirrte sich selten ein Gast.

Draußen standen drei Männer. Sie waren prächtig gekleidet wie Fürsten und erzählten mir, sie seien unterwegs zu einer Stadt mit dem Namen Bethlehem. Dort sei in einem Stall ein Kind geboren worden, ein ganz besonderes Kind, das allen Menschen Freude mache. ›Wir sind schon weit gereist‹, sagte einer von ihnen, ›aber jetzt haben wir den Weg verloren und möchten dich bitten, uns zu begleiten. Du kennst dich hier sicher besser aus als wir. Schau, da hinten, wo der helle Stern am Himmel steht, da muss Bethlehem sein.‹

Mir kam das alles recht seltsam vor. Den Namen Bethlehem hatte ich noch nie gehört. Und dass ein Kind in einem Stall geboren worden sein sollte... Wieso nahmen dann diese fürstlich gekleideten Herren einen weiten Weg auf sich, um ein so armes Kind zu sehen? Ich traute den drei Fremden nicht. Außerdem war ich mitten im Hausputz. Da hatte ich keine Lust, alles stehen und liegen zu lassen, um mit den fremden Männern zu gehen. Den Weg kannte ich doch genauso wenig wie sie. Und lausig kalt war es obendrein.

›Tut mir Leid‹, sagte ich, ›aber ich kann jetzt nicht mitkommen. Vielleicht später, wenn ich mit meiner Arbeit fertig bin. Ich wünsche euch jedenfalls viel Glück für die Reise.‹ So zogen die Fremden alleine weiter. Ich ging zurück in die Küche und holte den Wischlappen.

Aber merkwürdig, ich war nicht mehr bei der Sache. Immer musste ich an dieses besondere Kind denken. Ich klopfte die Teppiche draußen im Schnee und dachte daran, dass sich die drei Männer womöglich weiter verirrt hatten und Bethlehem nicht fanden. Vielleicht hätte ich ihnen ja doch helfen können.

Abends im Bett konnte ich nicht einschlafen. Ich schaute aus dem Fenster in den Nachthimmel. Da hinten leuchtete hell und klar der Stern, von dem die Männer gesagt hatten, er weise den Weg. Ich verstand es selbst nicht, aber ich wollte unbedingt das Kind in dem Stall sehen. Also hüllte ich mich in mein warmes Wolltuch, schlüpfte in die dicken Winterstiefel und machte mich auf den Weg. Ich ging, so schnell ich konnte, vielleicht würde ich die fremden Männer doch noch einholen. Aber es war neuer Schnee gefallen, der ihre Spuren zugedeckt hatte. So irrte ich durch die Nacht. Den ganzen nächsten Tag lief ich und auch die kommende Nacht. Ich suchte und suchte und fand doch nicht den rechten Weg.

Das alles erzählte ich Olga und als ich mit meiner Erzählung hier angelangt war, schwieg ich. Olga sah mich mit großen Augen an. ›Und was geschah dann mit der Babuschka?‹, wollte sie wissen. ›Sie wanderte seitdem über die Erde, jahrein, jahraus, um dieses besondere Kind im Stall zu sehen. An alle Türen klopfte sie in der Hoffnung, es zu finden. Immer, wenn sie andere Kinder antraf, brachte sie ihnen Geschenke. Denn alle Kinder erinnerten sie an jenes besondere Kind, das sie schon so lange vergeblich suchte. So wanderte sie viele hundert Jahre, bis die Kinder eines Tages ihren Namen vergaßen.‹

›Das ist aber traurig‹, sagte Olga, als ich geendet hatte. ›Was meinst du, soll ich die Geschichte weitererzählen, damit wieder mehr Kinder von der alten Babuschka wissen?‹

›Darüber würde die Babuschka sich bestimmt freuen‹, lächelte ich. Dann wandte ich mich um und winkte Olga noch einmal zu, als sie schon wieder ihre Bahnen übers Eis zog.«

KÖNIG KASPAR
AUS SPANIEN ERZÄHLT

In Spanien kommen am Vorabend des 6. Januar die Heiligen Drei Könige Kaspar, Melchior und Balthasar zu den Menschen. Weil sie einst das Kind in der Krippe beschenkten, bringen sie heute allen Kindern in Spanien Geschenke. Als Karawane ziehen sie auf Kamelen und mit einem riesigen Gefolge in die Städte ein.

Mit einem Mal klopft es an der Tür des Sternenhauses. Die Sternenmutter geht, um zu öffnen. »Da seid ihr ja«, hört man sie vergnügt rufen. »Kommt herein, ihr habt eine weite Reise hinter euch.« Gibt das ein Hallo bei den Winterwesen, als nun drei feine Herren in Samt und Seide eintreten! Die alte Babuschka steht auf und drückte ihnen voll Freude die Hand.

»Entschuldigt, dass wir so spät kommen! Aber unsere Kamele sind bedächtige Tiere und lassen sich nicht gerne antreiben«, sagt der Älteste von den dreien. »Hauptsache, ihr seid da, Melchior! Jetzt sind wir vollzählig«, erwidert der Nikolaus. Da lacht der schwarze König Kaspar. »Wir haben auch eine schöne Geschichte mitgebracht. Aber erst mal wollen wir uns setzen. Und etwas essen.«

Etwas später beginnt Kaspar zu erzählen. »Bei uns in Spanien heißt der 24. Dezember *noche buena*, das heißt ›Gute Nacht‹: Es ist ein richtiger Familientag. Sogar Onkel und Tanten, die im Ausland leben, reisen an. Keiner will das Festessen versäumen und die *misa del gallo*, die Mitternachtsmesse. Auch das *turron*, eine Süßigkeit aus Mandeln und Honig, darf zur Weihnachtszeit in keinem Haus fehlen. Weihnachten ist eigentlich ein ruhiges Fest. Ganz anders aber geht es in Spanien zu, wenn am 5. Januar wir Könige kommen. Schon zwei Tage vorher hört man auf den Straßen plötzlich Ausrufer. Sie kündigen unser Eintreffen für den nächsten Tag an. Da werden alle Kinder ganz aufgeregt und hoffen, dass wir ihre Wünsche erfüllen. Eifrig putzen sie ihre Schuhe und stellen sie auf die Balkone. Sie vergessen auch nicht, Heu für unsere Kamele und Lasttiere dazuzulegen. Und dann, am Abend des 5. Januar, halten wir Könige mit Pomp und Prunk Einzug. Wir reiten voran, gefolgt von einem bunten Hofstaat. Da gibt es Menschen jeder Hautfarbe und jedes Standes. Sie sind gekleidet in den bunten Trachten unseres Landes. Am Straßenrand stehen Tausende, die auf unser Kommen gewartet haben. In prächtige bunte Gewänder gehüllt, winken wir ihnen von unseren Kamelen herab zu. Die Menschen jubeln, wenn sie uns sehen, kleine Kinder werden zu uns heraufgereicht, damit wir sie küssen und segnen.
In unserem Festzug spielen Musiker auf Gitarren, Tambourinen und vielen anderen Instrumenten. Ringsherum sprühen Feuerwerke am Himmel. Kostbar gekleidete Pagen werfen Bonbons in die Menge der Zuschauer. Und schwarze Diener klettern mit riesenlangen Leitern auf die Balkone, um kleine Geschenke in die Schuhe der Kinder zu stecken. Die Esel und Pferde, deren Lasten nach und nach abnehmen, werden von den Kindern gefüttert. So bewegt sich der prunkvolle Zug weiter und weiter durch die Straßen der Stadt.
Natürlich können wir auf diese Weise nur solche Kinder beschenken,

die genau an den Straßen wohnen, durch die unsere Karawane zieht. Alle anderen bescheren wir still und heimlich in der kommenden Nacht. Sorgfältig haben wir ihre Wunschzettel gelesen, die sie schon ein paar Tage vorher an uns geschrieben haben. Am nächsten Morgen, dem Dreikönigstag, stehen die Kinder in aller Frühe auf und sehen nach, ob sich ihre Wünsche erfüllt haben.

In unserem Festzug gibt es auch einen Wagen, der mit besonders schönen bunten Päckchen und Paketen beladen ist. Unser Weg führt nämlich auch an Waisenhäusern und Kinderheimen vorbei. Für die Kinder, die dort leben, sind diese Geschenke bestimmt. Im letzten Jahr kamen wir zu einem solchen Haus und ritten durch das Tor in den Hof. Dort standen Kinder jeden Alters und staunten uns mit offenem Mund an. Eine so prächtige Karawane hatten sie noch nie gesehen. Viele Kinder traten vor Aufregung von einem Bein aufs andere. Ein paar ganz Vorwitzige winkten uns zu. Wir stiegen von den Kamelen und begrüßten einige Kinder, die uns schüchtern die Hand reichten. Die Musik begann aufzuspielen, während unsere Pagen die Päckchen und Pakete von den Wagen luden. Mir fiel ein Mädchen auf, das fern von dem Trubel in einer Ecke des Hofes stand. Die Kleine schaute scheu und mit traurigen Augen auf das bunte Treiben. Ich ging auf sie zu. ›Hab keine Angst‹, begrüßte ich sie, ›ich bin König Kaspar. Und wer bist du?‹

›Elsita‹, flüsterte das Mädchen so leise, dass ich mich zu ihm hinunterbeugen musste, um es zu verstehen. ›So ein schöner Name, Elsita. Sag mal, was stand denn auf deinem Wunschzettel drauf?‹ Sie schwieg. ›Nichts‹, sagte sie dann. ›Ich kann doch noch nicht schreiben, und malen kann ich auch nicht so gut. Aber ich habe keine Puppe.‹

›Dann wünschst du dir wohl eine?‹ Sie nickte. ›Aber sie soll rote Haare und grüne Augen haben, so wie meine Mama auf dem alten Foto.‹

›Aha‹, nickte ich. Das war verzwickt. In den Paketen gab es wohl Puppen, aber die sahen anders aus. ›Du musst ein wenig Geduld haben, Elsita. Puppen mit roten Haaren und grünen Augen kommen selten vor. Aber ich habe da eine Idee.‹ Dabei dachte ich an Carmenza, die alte Puppenmacherin. Eilig lief ich zu einem der Pagen und flüsterte ihm etwas ins Ohr.

Inzwischen waren alle Pakete abgeladen. Für uns war es an der Zeit weiterzuziehen. Elsita stand noch immer am selben Fleck, als ich ihr zum Abschied die Hand drückte: ›Morgen bekommst du deine Puppe, abgemacht?‹ Sie nickte. Mein Page half mir aufs Kamel, da kam Elsita hinter mir hergerannt und rief atemlos: ›Ich werde sie Lupita nennen und abends mit ins Bett nehmen.‹

›Eine gute Idee!‹, rief ich ihr noch zu und winkte. Dann setzte sich die Karawane in Bewegung. Die Musiker spielten wieder und die Kinderschar begleitete uns bis zum Tor. Wir zogen weiter zum Rathausplatz, wo Maria und Josef mit dem Jesuskind auf uns warteten.

Noch spät in der Nacht brachte der kleine Page die rothaarige Puppe Lupita mit den grünen Augen ins Waisenhaus, wo Elsita sie am nächsten Morgen in die Arme schloss. Auf einem Zettelchen an ihrem Handgelenk stand: ›Es grüßt dich herzlich dein König Kaspar.‹

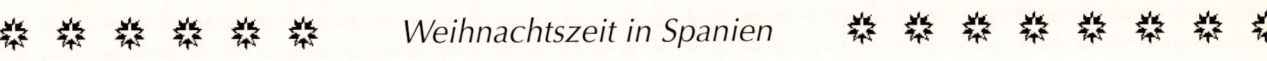

Weihnachten ist in Spanien ein ruhiges Familienfest, zu dem sich die gesamte Familie trifft. In den Häusern werden Krippen aufgebaut und manchmal kleine künstliche Tannenbäume, die mit Kugeln und Lametta geschmückt sind. Sehr verbreitet ist in der Weihnachtszeit eine Süßigkeit aus Mandeln und Honig, die »turron« heißt. Man bekommt sie in jedem Haus angeboten. Die Kinder bekommen ein besonderes Getränk, den »cidra champanada«, das ist ein Apfelsekt.

Einen lustigen Brauch gibt es in Spanien in der Silvesternacht. Kurz vor Mitternacht gehen alle zu einem großen Hauptplatz mit einer Turmuhr. Jeder hat zwölf Weintrauben in der Hand. Wenn dann die Glockenschläge beginnen, mit denen das neue Jahr eingeläutet wird, müssen alle nach jedem Schlag eine Weintraube essen. Manchmal schlagen die Glocken sehr schnell und man muss in kurzer Zeit alle Trauben herunterschlingen. Nach dem letzten Glockenschlag bricht der Jubel los, es gibt Knallerei, Feuerwerk und Gesang.

Die Kinder bekommen ihre Geschenke nicht zum Weihnachtsfest, sondern am 6. Januar von den Heiligen Drei Königen. Am 4. Januar ziehen in vielen Orten Botschafter durch die Straßen und verkünden die Ankunft der Könige für den nächsten Tag. Am 5. Januar essen die Spanier den »roscon«, einen Kranzkuchen, in den allerlei kleine Überraschungen eingebacken sind.

Und dann, wenn es dunkel wird, ziehen die Könige auf ihren Kamelen mit einem riesigen Gefolge durch die Straßen. Sie werden von tausenden von Zuschauern umjubelt, es gibt Feuerwerke und Musik. Kleine Pagen, sogenannte »Leiterneger«, verteilen unterwegs Geschenke in den entsprechenden Häusern. Mit ihren langen Leitern steigen sie auf die Balkone hinauf. Dann bringt die Parade Geschenke auch direkt zu Kinderheimen und Waisenhäusern. Auf dem Rathausplatz warten bereits Maria und Josef mit dem Kind, einem richtigen kleinen Baby.

Später am Abend stellen die Kinder daheim einen Schuh auf den Balkon und legen Heu für die Kamele der Könige dazu. Sie hoffen, dass diese in der Nacht zu ihnen kommen und Geschenke bringen.

VÄTERCHEN BASILIUS
AUS GRIECHENLAND ERZÄHLT

Väterchen Basilius, der griechische Weihnachtsmann, lebte vor langer Zeit als heiliger Mann auf der Erde. Deswegen heißt er eigentlich auch Heiliger Basilius, aber so nennen ihn nur die großen Leute. Die Kinder sagen Väterchen Basilius zu ihm. Er kommt am 1. Januar und beschenkt die Kinder aus seinem großen Sack.

Nachdem König Kaspar seine Geschichte erzählt hat, wird es still im Kreis der Winterwesen. Da hören sie alle ein leises Schnarchen. »Jetzt schaut euch das an!«, ruft Tomte Tinkepit lachend. »Unser Väterchen Basilius ist eingeschlafen!« Und – schwupp – schon ist Tinkepit auf den kugelrunden Bauch des Weihnachtsmannes gehüpft, der im Traum vor sich hinschmunzelt. Erschrocken öffnet der seine Augen und blinzelt dann in die Runde. »Ich bin doch nicht etwa eingenickt?«, murmelt er vor sich hin. »Aber nicht doch, Väterchen«, sagt Tomte Tinkepit schelmisch, »nur geschnarcht hast du wie ein Bär!« Da muss der Heilige Basilius lachen. »Nun gut, ihr habt mich ertappt. Dafür will ich euch nun erzählen, wovon ich geträumt habe. Ich war nämlich im Traum bei uns zu Hause in Griechenland. Das liegt weit im Süden Europas und riecht nach Thymian und Meer. Viele kleine Inseln gehören zu meinem Land und im Sommer brennt die Sonne heiß vom Himmel. Im Winter ist es zwar kälter, aber nicht kalt genug für Schnee. Trotzdem können die Menschen zur Weihnachtszeit ein wärmendes Feuer gut gebrauchen.

Am Heiligen Abend entzünden die Männer einen riesigen Baumstamm in der Feuerstelle des Hauses. Und dieses Feuer muss brennen, bis der ganze Stamm verkohlt ist. Damit zeigen die Menschen seit alters her der Sonne, dass sie auf sie warten und sich auf ihre Wärme freuen. An den Haustüren befestigen die Frauen einen großen verzierten Kuchen.«

»Ich weiß, ich weiß«, ruft der Zwarte Piet dazwischen. »Der Kuchen hat doch so einen komischen Namen. Der heißt doch Chrostipsomie oder so!«

»Gar nicht!«, verbessert Tomte Tinkepit eifrig: »Der heißt Schipsosopo!« Da schüttelt der Heilige Basilius lachend den Kopf: »Eure Namen klingen nicht schlecht. Aber der Kuchen heißt Christopsomo und wird aus dem Getreide der letzten Ernte gebacken. Die Menschen glauben ganz fest, dass die Familie dann im nächsten Jahr keinen Hunger leiden muss.

Am Weihnachtsabend gibt es zuerst ein großes Festessen mit neun verschiedenen Speisen und mit Honig, Früchten und Nüssen. Und dann kommt das Allerschönste, jetzt beginnt nämlich die Zeit der *kalantas*, der weihnachtlichen Umzüge. Schon vor Weihnachten haben die Kinder kleine beleuchtete Barken mit goldenen Walnüssen geschmückt. Sie sehen genauso aus wie die großen Schiffe, mit denen die Fischer aufs Meer hinausfahren. Mit diesen geschmückten Barken ziehen die Kinder nun singend von Haus zu Haus. Und das tun sie nicht nur am Heiligabend, sondern fast zwei Wochen lang immer wieder bis zum Fest der Wasserweihe am 6. Januar.

In Griechenland spielt das Weihnachtsfest keine so große Rolle. Wichtiger sind dort das Fest der Wasserweihe am 6. Januar und vor allem das Osterfest. Für die Kinder ist der 1. Januar, der Basiliustag, besonders aufregend. Da bekommen sie vom Heiligen Basilius Geschenke. In vielen Teilen Griechenlands gibt es auch heute noch den Weihnachtsklotz. Das ist ein etwa ein Meter langes Stück vom Stamm einer dreijährigen Eiche. Mit vielerlei Zeremonien bringt ihn der Vater ins Haus und trägt ihn zur Herdstelle. Dort wird ein Loch hineingebohrt, das mit Öl und wohlriechenden Kräutern gefüllt wird. Früher wurde der Weihnachtsklotz auf diese Weise sogar mit verschiedenen Speisen »gefüttert«. Am Weihnachtsabend wird der Klotz ins Feuer gelegt und muss so lange brennen, bis er ganz verkohlt ist.

Am Heiligabend wird in der Familie festlich getafelt und es beginnen die »kalantas«, die Weihnachtsumzüge von Kindern, aber auch von Erwachsenengruppen. Die »kalantas« finden bis zum Fest der Wasserweihe am 6. Januar statt. Bei den Umzügen besingen die Kinder Glück und Wohlstand eines Hauses und werden dafür mit kleinen Geschenken belohnt. In den Küstengebieten, wo viele Menschen als Fischer aufs Meer fahren, schmücken die Kinder kleine Barken mit goldenen Walnüssen und die älteren Jungen dürfen sie bei den Weihnachtsumzügen vorantragen. Auch in den Familien stehen oft kleine Schiffe als Weihnachtsschmuck.

Der eigentliche Geschenketag ist aber der Basiliustag am 1. Januar. Die Geschenke bringt Agios Wassilius, so heißt der Heilige Basilius auf Griechisch. Er sieht aus wie ein Weihnachtsmann mit rotem Mantel, Zipfelmütze und langem weissen Bart. Den Kindern füllt er die Stiefel mit süßem Allerlei und Spielsachen.

Zwischen Weihnachten und Silvester backen die Mütter die Vassilopitta, den Neujahrskuchen. Es ist der Höhepunkt des Neujahrsfestes, wenn im Kreise der ganzen Familie die Vassilopitta angeschnitten wird. Es gibt ein Stück für das Haus, eins für jedes Familienmitglied, eins für die Armen, eins für die Tiere und zum Schluss sogar eins für die Verstorbenen. Wer die eingebackene Silbermünze in seinem Stück findet, der darf im neuen Jahr mit besonders viel Glück rechnen.

Das Barkentragen ist eigentlich reine Jungensache. So war es schon immer. Die ältesten Jungen im Dorf dürfen die Barke tragen. Aber ich erinnere mich, dass ein einziges Mal doch ein Mädchen die Barke getragen hat. Und das kam so: Das Mädchen hieß Eleni und war sehr, sehr krank geworden. Sie war so krank, dass das ganze Dorf sich wochenlang um ihr Leben sorgte. Aber kurz nach Weihnachten wurde Eleni wie durch ein Wunder wieder gesund.

Und so konnte sie auch dabei sein, als die Großmutter am letzten Tag des Jahres die Geschichte von den kleinen hinterlistigen Kallikantzeri erzählte. Immer in den Nächten zwischen Weihnachten und Neujahr sägen diese unterirdischen Wesen am Stamm des Baumes, auf dem die Erde ruht. Auf diese Weise wollen sie die Erde zerstören. Und dann erzählte die Großmutter auch, was die Kinder dagegen unternehmen könnten. ›Wisst ihr, was passiert, wenn man frische Nüsse ins Feuer wirft? Die bersten und knallen dabei so fürchterlich, dass die Kerle vor Schreck davonlaufen. Die Wunde im Baum kann verheilen und die Erde ist gerettet.‹ Sofort sausten Janis und Kostas, Elenis Brüder, los. Sie holten frische Nüsse und warfen sie lachend ins Feuer. Die Nüsse knallten in der Hitze wie verrückt und für die Erde begann ein neues Jahr.

An diesem Abend gingen die Kinder voller Vorfreude ins Bett. Denn Morgen war Basiliustag. Darauf freuen sich in Griechenland alle Kinder. Denn da komme ich, ihr Väterchen Basilius, mit einem großen Sack voller Geschenke. Elenis Mutter hatte mir zu Ehren einen Kuchen gebacken, die Vassilopitta. Das ist kein gewöhnlicher Kuchen, denn er birgt eine Überraschung. Die Mütter backen nämlich eine Drachme mit ein und wer sie findet, der hat das ganze Jahr lang Glück.

Elenis Familie saß also am Basiliustag um die Vassilopitta herum. Die Mutter wollte sie gerade anschneiden, als der Vater sagte: ›Wer diesmal die Münze findet, der darf sich etwas wünschen.‹ Da machten sich die Kinder mit Feuereifer über den Kuchen her. Aber nicht der große Bruder Janis fand die Münze, nein, auch nicht der kleine Bruder Kostas. Eleni war es, die auf einmal die Drachme im Mund hatte.

Eleni wusste sofort, was sie wollte: ›Die Barke, ich will einmal die Barke tragen!‹ Und sie meinte damit das kleine goldgeschmückte Schiff vom Weihnachtstag, mit dem die Kinder auch am Basiliustag umherziehen. Eleni sah Janis bittend an. Er war eigentlich heute als Barkenträger an der Reihe. ›Das geht nicht, nur Jungen können die Barke tragen!‹, wehrte sich Janis. Kostas, der jüngere Bruder, stimmte ihm lautstark zu.

Da sah Janis, dass Eleni ganz traurig guckte. Und er musste daran denken, wie krank sie doch gewesen war. Janis schluckte. Und dann versprach er großzügig, dass Eleni an seiner Stelle die Barke tragen dürfte. Eleni konnte ihr Gluck kaum fassen. Und so kam es, dass an diesem Neujahrstag ein Mädchen mit der Barke die bunte Schar von Kindern anführte. Mit Trommeln und Triangeln zogen sie durch die Gassen des Dörfchens. Sie zogen von Tür zu Tür. Wer immer ihnen öffnete, dem klopften sie mit der Rute den Rücken und sagten ihr Sprüchlein auf: ›So viel Sterne am Himmel, so viel Glück diesem Haus!‹

Die Körbchen der Kinder füllten sich im Nu mit Nüssen, Äpfeln und süßem Naschwerk. Mitunter gab es bunte Kuchen oder gar kleine Münzen. Die Kinder freuten sich über den Reichtum. Am meisten aber strahlte Eleni, das Mädchen, das die Barke tragen durfte.«

FRAU WEIHNACHTSMANN AUS FINNLAND ERZÄHLT

Der finnische Weihnachtsmann heißt Joulupukki und wohnt ganz abgelegen auf einem Gehöft am Nordpol. Das Besondere an ihm ist, dass er eine Frau hat. Sie und viele kleine Wichtel helfen dem Joulupukki, all die Geschenke für die Kinder zu verteilen.

Im Kreis der Winterwesen sitzt eine fröhliche Frau mit lustigen Lachfalten im Gesicht. Ihr weißes Haar, zu zwei Zöpfen geflochten, schaut unter einer roten Zipfelmütze hervor. Sie trägt einen grauen Filzrock und einen roten Umhang, der sie warm einhüllt. In den Händen hält sie ihr Strickzeug. Die Nadeln tanzen so schnell, dass man ihnen mit den Augen kaum folgen kann. Der Strumpf, an dem sie strickt, ist fast fertig. »Joulupukki, lass mal sehen, ob er schon lang genug ist«, sagt die Frau zu einem roten Weihnachtsmann, der neben ihr auf dem Sofa hockt. Gehorsam lupft er sein rechtes Hosenbein. Er ist einen halben Kopf kleiner als die Frau und sieht besonders lustig aus mit seinen Haaren, die in alle Richtungen stehen. Sein Bart ist wuschelig und das Gesicht wird von einer riesigen Knollennase geziert. Die Frau nimmt Maß für ihren Strumpf und schüttelt dann den Kopf: »Ein bisschen fehlt noch.«

»Bei uns am Nordpol herrscht eine Hundekälte«, sagt der Joulupukki in die Runde. »Da bin ich froh, eine Frau zu haben, die warme Socken stricken kann.«

»Ja, ja«, lacht die Frau Weihnachtsmann, »was würdest du ohne mich nur machen! Denk nur an die Sache mit deinem verknacksten Fuß letztes Jahr. Wenn ich da nicht gewesen wäre, hättest du das Weihnachtsfest glatt absagen können.«

Jetzt wollen natürlich alle die Geschichte mit dem verknacksten Fuß hören. »Das war so«, beginnt der Joulupukki. »Wie ihr wisst, wohne ich mit meiner Frau und einer großen Schar von Helferwichteln ganz abgeschieden auf einem Gehöft am Nordpol. Es war zwei Tage vor Weihnachten. Ich ging morgens über den Hof in die Scheune, um nachzusehen, ob alle Geschenke schon ordentlich verpackt waren. Leider hat meine Frau die dumme Angewohnheit, den Putzeimer im Hof auszuleeren. Und kalt wie es bei uns ist, gefriert das Wasser sofort und verwandelt sich in spiegelglattes Eis. Jedenfalls übersah ich die kleine Eisfläche und – bauz – schon fand ich mich am Boden wieder. Der Fuß schmerzte höllisch und ich konnte nicht aufstehen.«

»Da hörte ich meinen braven Joulupukki laut um Hilfe rufen«, fährt nun die Frau Weihnachtsmann in der Erzählung fort. »Wir steckten ihn ins Bett und ich machte einen dicken Verband um seinen Fuß. Er jammerte in einem fort über sein Unglück, so kurz vor Weihnachten ans Bett gefesselt zu sein. ›Heiliger Strohsack, was soll ich nur machen, in zwei Tagen ist Weihnachten und alle warten auf mich…‹

›Halt den Mund, Pukki‹, sagte ich. ›Jedes Jahr vor Weihnachten jammerst du mir die Ohren voll! Wie viel Arbeit du hast und welche Hektik und dass du deinen Beruf bald an den Nagel hängen willst. Ich werd dir mal was sagen: Diesmal bleibst du im Bett und ich werde gehen. Keine Widerrede!‹

›Du?‹ Mit einem Ruck hatte mein Joulupukki sich im Bett aufgesetzt.

›Du willst gehen? Dass ich nicht lache, was verstehst du denn von der Geschenkebringerei? Das will von Grund auf gelernt sein!‹
›Dann werde ich es eben jetzt lernen. Du hast sowieso keine Wahl. Entweder gehe ich – oder Weihnachten fällt aus!‹ Darauf wusste er nichts mehr zu sagen.«

An dieser Stelle macht die Frau Weihnachtsmann eine kleine Pause und schnell ergreift der Joulupukki wieder das Wort: »Ich hatte genau einen Tag lang Zeit, meine Frau in die Geheimnisse der Weihnachtsmänner einzuweihen. Zuerst erklärte ich ihr, wie die Menschen in unserem Land Weihnachten feiern. Ich erzählte ihr vom Julstroh, mit dem sie ihre Stuben auslegen. In der Heiligen Nacht schlafen sie sogar gemeinsam darauf. Ich erzählte ihr auch, dass die Menschen es selbst am Heiligabend nicht lassen können, sich in ihre merkwürdigen Schwitzkästen zu setzen. Brrrr, es schüttelt mich, wenn ich an diese Affenhitze denke! Und dass es als Festessen einen ›gebackenen Schweden‹ gibt. Das ist natürlich kein wirklicher Schwede, der da verspeist wird, sondern ein Schweinebraten.

›Und denk dran‹, ermahnte ich meine Frau zu guter Letzt, ›die Geschenke nicht unter den Tannenbaum zu legen, sondern durch die Haustür zu werfen. Dabei musst du ganz laut *Julklapp* rufen. Dass du dich aber ja nicht blicken lässt! Kannst du dir das auch alles merken?‹ Am Ende reichte ich ihr die lange Liste mit den Namen und Geschenken. Die hüte ich immer wie meinen Augapfel. ›Verlier sie bloß nicht! Und nimm die Helferwichtel mit, alleine kannst du es nicht schaffen. Und vergiss die Höfe ganz im Norden nicht, sie liegen so verstreut.‹«

An dieser Stelle verdreht die Frau Weihnachtsmann ihre Augen: »Ich machte, dass ich davonkam. Sonst wären meinem guten Joulupukki noch tausend Sachen eingefallen, die ich hätte verpatzen können. Im Hof waren die Wichtel schon dabei, die Schlitten zu beladen und die Rentiere davorzuspannen. Als alles fertig war, stiegen wir auf und fuhren in Windeseile durch endlose verschneite Ebenen. Bis wir schließlich dorthin kamen, wo die ersten Menschen wohnen. Vor den Häusern hatten sie Strohgarben für die Vögel aufgestellt. Wenn viele Vögel die Körner aufpicken, ist das ein gutes Zeichen, hatte ich vom Joulupukki gehört.

Es war bereits dunkel und die Fenster der Häuser hell erleuchtet. Neugierig schaute ich hinein. Jung und Alt saßen beim Festessen um den Tisch, sangen Weihnachtslieder oder spielten im Julstroh. Es machte mir einen Heidenspaß, ganz leise die Haustüren zu öffnen, *Julklapp* zu rufen und die Geschenke hineinzuwerfen. Durchs Fenster konnte ich gerade noch sehen, wie sie aufsprangen und zur Tür rannten. Dann musste ich mich aber schnell aus dem Staub machen, sie durften mich ja nicht sehen.

Die Päckchenberge auf den Schlitten wurden immer kleiner. Gemeinsam mit unseren fleißigen Wichteln schaffte ich es, rechtzeitig alle Geschenke zu verteilen. Und ganz sicher hat niemand bemerkt, dass diesmal nicht der Joulupukki unterwegs war. Etwas müde, aber glücklich, fuhren wir nach Hause, wo ich meinem Pukki alles haarklein erzählen musste. Der meinte nur: ›Hab ich doch gleich gesagt, dass alles gut geht!‹«

Der Joulupukki schmunzelt: »Du bist eben doch die tüchtigste Frau Weihnachtsmann, die ich kenne.«

»Kein Wunder, ich bin ja schließlich auch die einzige!«, lacht sie und zwinkert Natalie zu. »Und wisst ihr was? Als mein guter Joulupukki schon wieder über den Hof humpeln konnte, hat er mich ganz nebenbei gefragt, ob ich ihn von nun an nicht immer Weihnachten bei seiner Arbeit begleiten mag. Nicht, dass er es alleine nicht schaffen würde, wirklich nicht. Aber geteilte Arbeit sei halbe Arbeit und zu zweit mache es bestimmt noch mehr Spaß!«

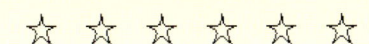 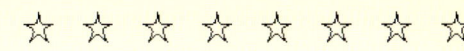

In Finnland erinnern viele Gewohnheiten zur Weihnachtszeit an alte Bräuche aus der Zeit, bevor das Christentum nach Finnland kam.

Seit alters her werden Vogelgarben aufgestellt. Wenn viele Vögel daran pickten, so glaubte man früher, würde es im nächsten Jahr eine gute Ernte geben. Solche Vogelgarben stellt man auch heute noch auf, aber viele Leute wissen nichts mehr von ihrer alten Bedeutung.

Aus Stroh werden Mobiles geflochten und an der Zimmerdecke aufgehängt. Früher schliefen alle Hausbewohner in der Julnacht gemeinsam im selben Zimmer auf Stroh. Dies sollte zeigen, dass alle, ob Knecht oder Hausherr, vor Gott gleich sind. Es hieß aber auch, dass in der Julnacht gute und böse Geister umhergehen, vor denen man gemeinsam besser geschützt ist.

Aus den Körnern der letzten Ernte wurden die Julbrote gebacken und dazu Julbier gebraut. Es musste gut gelingen, dann würde es auch im nächsten Jahr genug zu essen und zu trinken geben. Julbrot und Julbier standen in der Weihnachtsnacht auf dem Tisch, damit sich gute Geister, nämlich die Seelen der Verstorbenen, daran laben und die Speisen segnen konnten. Dieser Segen begleitete die Lebenden dann durch das neue Jahr. Den Brauch gibt es heute noch.

An Heiligabend ist es Brauch, dass die ganze Familie gemeinsam in die Sauna geht, die in vielen Häusern vorhanden ist. Die Kinder freuen sich auch heute noch auf Joulupukki, den Weihnachtsmann. In Finnland hat er sogar eine Frau. Sie hilft ihm, gemeinsam mit den Wichtelmännern die Geschenke zu beschaffen. Am Julabend wirft der Joulupukki seine Päckchen durch die Türen in die Weihnachtszimmer, ruft laut »Julklapp« und verschwindet unerkannt.

Am 25. Dezember bleiben die Familien zu Hause, aber die Kinder besuchen die Nachbarn und wünschen alles Gute für das kommende Jahr. Am 26. Dezember, dem Stefanstag, kümmert man sich besonders um die Pferde, deren Schutzpatron der Heilige Stefan ist. Viele Leute reiten oder fahren mit dem Pferdeschlitten aus und das ist für die Kinder ein großer Spaß.

DER STERNTRÄGER
AUS DER SCHWEIZ ERZÄHLT

Der goldlockige Sternträger führt in der Schweiz den festlichen Umzug der Sternsinger an. Er ist in ein schlichtes weißes Gewand gekleidet und trägt einen bunten Stern. Der Sternträger geleitet den Umzug von Kirche zu Kirche und jedes Mal wird ein Krippenspiel aufgeführt.

Eines der Winterwesen hält einen großen Stern an einem Stab in die Höhe. Versonnen betrachtet Natalie diesen Stern, der so geheimnisvoll schillert. »Ist er nicht wunderschön? Es ist der Stern von Bethlehem. Und ich darf ihn tragen«, sagt nun das Wesen im weißen Gewand. Goldene Locken fallen ihm bis auf die Schulter. »Du siehst ja aus wie ein Engel, aber wo sind deine Flügel?«, fragt Natalie.
»Ich brauche gar keine«, antwortet das Wesen, »denn ich muss nicht fliegen. Ich bin nämlich kein Engel, sondern ein Sternträger. Ich komme aus der Schweiz. Mein Land ist recht klein, aber die Menschen dort sprechen viele verschiedene Sprachen. Manche reden schweizerdeutsch, andere italienisch und wieder andere französisch. Es gibt sogar noch eine vierte Sprache, die ist ziemlich unbekannt. Sie heißt

rätoromanisch und wurde in der Schweiz zuallererst gesprochen. Du kannst dir vorstellen, in einem Land mit so vielen Sprachen feiern die Menschen auch das Weihnachtsfest unterschiedlich.

Auch Beat hat das eines Tages gemerkt. Er ist ein Schweizer Junge aus der Gegend, wo man deutsch spricht. Er machte gerade mit seiner Familie Urlaub im Süden des Landes. Dort lernte er Maurice kennen. Irgendwie kamen die beiden auf Weihnachten zu sprechen und bald schon gab es den schönsten Streit. Sie stritten nämlich darüber, ob man seinen Wunschzettel nun an das Christkindli oder den Père Noël schicken müsse. Für Beat stand fest, dass Weihnachten das Christ-kindli kommt, wer denn sonst? Da widersprach ihm Maurice, der in der französischen Ecke der Schweiz wohnt. ›Natürlich kommt der Père Noël durch den Kamin, das weiß doch jeder!‹ Doch die Ver-wirrung wurde noch größer, als sich die schwarzhaarige Tochter des Gastwirtes einmischte. Sie behauptete steif und fest, dass das Bambi-nello die Geschenke bringt. Und alle drei haben Recht gehabt! So ist das bei uns in der Schweiz.

Eine ganz besondere Bedeutung hat bei uns der Stern. Deshalb gab es früher fast überall das Sternsingen oder Dreikönigsspiel, wie es auch genannt wurde. Mit den Sternsingern hatte Beat einmal ein ganz besonderes Erlebnis. Beat kommt nämlich aus der Stadt Wettingen. Und die Sternsinger dort sind die bekanntesten im ganzen Land.

Es war kurz vor Weihnachten. Beat war sehr aufgeregt. Denn am Abend wollte er mit seiner Familie zum Umzug der Sternsinger gehen. Dreimal schon hatte er seine Mutter gefragt, ob es nicht endlich so weit sei. Jedes Mal hatte sie den Kopf geschüttelt. Es sei noch gar nicht richtig dunkel draußen. Und Vater war noch dabei, das Dach der Krippe zu reparieren. Und seine älteren Schwestern tauschten Weih-nachtssticker für ihre Alben. Ausgerechnet jetzt! Beat konnte zwar noch keine Uhr lesen, aber er fand es schon mächtig dunkel draußen.

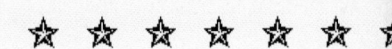

Von Deutschland aus haben sich der Christbaum, der Adventskalender und Adventskranz auch in dem Teil der Schweiz verbreitet, wo deutsch gesprochen wird. In Gegenden, in denen man französisch, italienisch oder rätoromanisch spricht, gibt es aber auch noch die »bûche de Noël«, einen großen Holzklotz, der im Kamin verbrannt wird. Es ist ein alter Brauch, seine Asche für eine gute Ernte im kommenden Jahr auf die Felder zu streuen.

Bevor der Christbaum in die Schweiz kam, gab es in einer Gegend, dem Appenzeller Land, stattdessen sogenannte Chlausezüg. Dafür füllte man eine hölzerne Milchschüssel mit Äpfeln, Trockenfrüchten und Nüssen und setzte darauf ein Gestell aus Holz. Dieses Gestell sah aus wie eine Pyramide und wurde mit Lebkuchen bestückt, auf denen Bilder zu sehen waren. Sie zeigten Weihnachtsmotive, Kinder und verschiedene Handwerker bei ihrer Arbeit.

Der Schweizer Nikolaus heißt Samichlaus und man glaubt, dass er aus dem Schwarzwald kommt. Er wird begleitet von seinem Helfer Schmutzli und besucht die Kinder am Vorabend des 6. Dezember. Mit Gaben aus ihrem Sack belohnen sie die artigen Kinder und mit Schmutzlis Rute werden (heute nur noch zum Spaß) die frechen Kinder bestraft.

Am Heiligen Abend freuen sich die Kinder auf das Christkindli oder den Père Noël, von denen sie sich Geschenke wünschen dürfen.

Der Besuch der Christmette mitten in der Nacht war in früheren Zeiten etwas Besonderes, weil die Wege von den abgelegenen Bergbauernhöfen lang und die Winter eisig und schneereich waren. Zu Fuß waren diese Märsche sehr anstrengend, mit dem Schlitten aber sicher auch ganz lustig. Nicht wenige nickten in der warmen Kirche vor Erschöpfung erst mal ein. Heute, wo es Autos gibt, ist das natürlich alles anders geworden.

Das Sternsingen oder Dreikönigsspiel ist in weiten Teilen der Schweiz bekannt. Es findet in den letzten Tagen vor dem Weihnachtsfest statt. Der Zug der Sternsinger zieht dabei von Kirche zu Kirche und spielt das Krippenspiel vor. Das Sternsingen stammt aus einer Zeit, in der viele Menschen noch nicht lesen konnten. So sollte denjenigen Menschen, die nicht in der Bibel lesen konnten, die Weihnachtsgeschichte nahe gebracht werden.

Sicher waren die Sternsinger längst unterwegs! Am besten zog er schon mal seine warme Jacke und die Mütze an.

Wie er so dastand, dachte Beat an seinen Freund Urs. Der durfte heute bei den Sternsingern mitlaufen und ein Öllämpchen tragen. Beat hatte Urs ziemlich beneidet. Am liebsten wäre er selbst auch solch ein Sternsinger gewesen, aber er war ja noch kein Schulkind. ›Nein‹, sagte Beat zu sich selbst, ›aber sechs bin ich schließlich auch schon!‹ Mit sechs war er ja wohl kein kleines Kind mehr. Was sollte er da stundenlang warten, bis der Rest der Familie endlich fertig war? Am Ende würden sie noch das ganze Sternsingen verpassen. Nein, er wollte schon mal vorausgehen und seinem Freund Urs zuwinken, wenn er ihn unter den Sternsingern entdeckte. Mittlerweile war es richtig dunkel. Beat wunderte sich, wie viele Menschen unterwegs waren. Offenbar hatten alle das gleiche Ziel wie er. Nach und nach füllten sich die Straßenränder mit Schaulustigen. Beat drängelte sich in die vorderste Reihe. Es war lausig kalt und Beat hüpfte von einem Bein aufs andere.

Und dann sah er sie kommen! Zuerst waren es lauter kleine Lichter, die im Dunkeln tanzten. Die Lichter kamen langsam näher und Beat konnte den Sternträger an der Spitze des Zuges erkennen. Voll Bewunderung schaute er auf den großen, bunt schillernden Stern. Hinter dem Sternträger liefen die Kinder, die weiße Kutten trugen und kleine Öllämpchen in den Händen hielten. Singend zogen sie in einer langen Doppelreihe an Beat vorbei. Er versuchte angestrengt, seinen Freund Urs unter ihnen auszumachen. Da! Das musste er sein! Beat winkte aufgeregt, da blickte Urs zu ihm herüber. Aber er grinste ihm nur kurz zu und schritt langsam und würdevoll mit seinem Öllicht weiter.

Nach den Kindern kam der Chor der Erwachsenen. Sie trugen schlichte, wunderschöne Gewänder und hatten einen feierlichen Gesang angestimmt. Ihre Pergamentlaternen waren mit Wappen verziert und leuchteten hell in der Dunkelheit. Und ganz zum Schluss schritten die Hauptpersonen des Zuges, Maria und Josef mit ihrem Kind. Mit ihnen zogen die Hirten und die Könige aus dem Morgenland.

Beat wusste, dass die Sternsinger auf dem Weg zur Sankt-Sebastians-Kirche waren, der ersten Station für ihr Krippenspiel. Das wollte er sich unbedingt anschauen. Also lief er am Straßenrand entlang, zuerst an der Heiligen Familie vorbei. Dann überholte er die Träger der Pergamentlaternen. Als er sich seinen Weg bis zu den Lichter tragenden Kindern gebahnt hatte, hielt er wieder nach Urs Ausschau. Beat fand seinen Freund in der Schar der Engel und reihte sich neben ihm ein. Obwohl er kein Öllämpchen trug und auch gar nicht wie ein Engel gekleidet war, versuchte er doch, genauso feierlich einherzuschreiten wie Urs und die anderen Kinder. So erreichten sie die Kirche Sankt Sebastian.

In der Kirche brachte der Sternträger seinen leuchtenden Stern zum Altar. Die Kinder gruppierten sich mit ihren Lichtlein wie die Engel von Bethlehem um die Krippe. Dort betteten Maria und Josef sanft ihr neu geborenes Kind. Die Hirten fielen auf die Knie und die Weisen brachten dem Kind ihre kostbaren Gaben. Vor der Krippe inmitten der Engelsschar stand Beat. Er war der kleinste Engel, der das Wunder von Bethlehem anschauen durfte.

So vertieft war er in das Spiel, dass er gar nicht den kurzen Aufschrei hörte. Und er merkte auch nicht, wie sich eine Frau unruhig durch die Menge der Zuschauer nach vorn drängelte. Er wandte sich erst um, als er eine Hand auf seiner Schulter spürte und eine ihm wohlbekannte Stimme hörte: ›Mein Gott, Beat, hier steckst du!‹ Vor ihm stand seine Mutter. Er sah, dass sie Tränen in den Augen hatte. Aber jetzt schloss sie ihn erleichtert in die Arme. ›Weißt du was, Mama‹, flüsterte Beat ihr da ins Ohr, ›wenn ich nächstes Jahr ein Schulkind bin, dann werd ich auch ein Öllicht tragen!‹«

*D*er Sternträger hatte seine Geschichte zu Ende erzählt, als der erste Schein der Morgenröte ins Zimmer drang. Langsam wurde es still im Kreis der Winterwesen. Nach einer Weile legte der Krampus ein neues Holzscheit auf das Feuer im Kamin. In die Stille hinein hörte man das Knistern und Prasseln der Flammen. Natalie musste gähnen. Ihr schwirrte der Kopf von all den Geschichten. Da hörte sie die Sternenmutter aus der Küche rufen: »Die neuen Bratäpfel sind gleich fertig!«

»So, Natalie«, sagte der Nikolaus, »die Nacht geht langsam zu Ende und du musst bald zurück auf die Erde.«

Natalie nickte: »Ich freu mich so, dass ich ins Sternenhaus kommen durfte. Heute ist die schönste Nacht meines Lebens.« Doch da musste sie schon wieder gähnen. Also kuschelte sie sich in ihre Sofaecke und sah noch, wie die Sternenmutter mit einem neuen Blech frisch gebackener Bratäpfel ins Zimmer kam. Dann fielen ihr die Augen zu. Wie aus weiter Ferne hörte sie noch Tomte Tinkepits Freudenschrei: »Oh, wie das duftet!« Er bekam dann auch als Erster seinen Apfel. Die Sternenmutter gab ihm den allerkleinsten, der für ihn aber immer noch so groß wie ein Kürbis war. Doch da war Natalie schon eingeschlafen.

Auf einmal hörte sie die Sternenmutter rufen: »Guten Morgen, Natalie! Zeit zum Aufstehen. Das Frühstück ist schon fertig.« Langsam schlug Natalie die Augen auf und blinzelte. Vor ihrem Bett stand ihre Mutter und strich ihr übers Haar. »Na, du kleines Murmeltier, hast du mich gar nicht rufen hören? Du hast wohl gerade noch etwas Schönes geträumt?«

Geträumt? Sie war doch eben noch im Sternenhaus gewesen, auf dem grünen Plüschsofa. Der Nikolaus, die Befana und Tomte Tinkepit – war das am Ende nur ein Traum gewesen? Unter der Bettdecke suchte sie den Brief vom Nikolaus. Aber der war verschwunden.

»Ich war heute Nacht beim Nikolaus«, erklärte Natalie. »In dem kleinen Sternenhaus in der Milchstraße. Die Sternenmutter hatte alle Winterwesen zu sich eingeladen. Und stell dir vor, ich durfte dabei sein! Es gab Dezembertee und sie haben mir ihre Geschichten erzählt.«

Die Mutter schmunzelte: »Oh, dort war es bestimmt sehr schön...«

»Und wie!«, rief Natalie. Und dann erzählte sie der Mutter mit leuchtenden Augen vom Sinterklaas und vom Zwarten Piet, von der Babuschka und der Befana, von Tomte Tinkepit, der Sternenmutter und dem schwarzen Krampus. Sie erzählte von Santa Claus und der Lichtkönigin Lucia, von Väterchen Basilius und Eleni, dem Mädchen, das einmal die Barke tragen durfte.

Je länger Natalie erzählte, desto größer wurden die Augen der Mutter. Plötzlich fiel ihr Blick auf das Schaukelpferd. »Sag mal, Natalie, was hast du denn mit den Hufen gemacht? Die glitzern ja so!«

Natalie starrte Moritz an. Der stand wie immer reglos auf seinen Kufen. Aber kein Zweifel, seine Hufe glitzerten. Da strahlte Natalie bis über beide Ohren: »Oh, das muss wohl Sternenstaub sein. Du weißt doch, wir sind durch die Sternenwiesen gezogen. Da bleibt sowas schon mal hängen! Ist das nicht wunderschön, Mama? Bald ist überall Weihnachten!«

INHALT